SIMPLE SPANISH

Learn Spanish the Fun Way With Topics That Matter

For Low- to High-Intermediate Learners (CEFR B1–B2)

by Olly Richards

Edited by Eleonora Calviello
Gianluca Trifirò, Academic Editor

Climate Change in Simple Spanish: Learn Spanish the Fun Way With Topics that Matter

FREE STORYLEARNING®
KIT

Discover how to learn foreign languages faster & more effectively through the power of story.

Your free video masterclasses, action guides, & handy printouts include:

- A simple six-step process to maximise learning from reading in a foreign language

- How to double your memory for new vocabulary from stories

- Planning worksheet (printable) to learn faster by reading more consistently

- Listening skills masterclass: "How to effortlessly understand audio from stories"

- How to find willing native speakers to practise your language with

To claim your FREE StoryLearning® Kit, visit:

www.storylearning.com/kit

WE DESIGN OUR BOOKS
TO BE INSTAGRAMMABLE!

Post a photo of your new book to Instagram

using #storylearning and you'll get an entry

into our monthly book giveaways!

Tag us **@storylearningpress** to make sure we see you!

BOOKS BY OLLY RICHARDS

Olly Richards writes books to help you learn languages through the power of story. Here is a list of all currently available titles:

Short Stories in Danish For Beginners

Short Stories in Dutch For Beginners

Short Stories in English For Beginners

Short Stories in French For Beginners

Short Stories in German For Beginners

Short Stories in Icelandic For Beginners

Short Stories in Italian For Beginners

Short Stories in Norwegian For Beginners

Short Stories in Brazilian Portuguese For Beginners

Short Stories in Russian For Beginners

Short Stories in Spanish For Beginners

Short Stories in Swedish For Beginners

Short Stories in Turkish For Beginners

Short Stories in Arabic for Intermediate Learners

Short Stories in English for Intermediate Learners

Short Stories in Italian for Intermediate Learners

Short Stories in Korean for Intermediate Learners

Short Stories in Spanish for Intermediate Learners

101 Conversations in Simple English

101 Conversations in Simple French

101 Conversations in Simple German

101 Conversations in Simple Italian

101 Conversations in Simple Spanish

101 Conversations in Intermediate English

101 Conversations in Intermediate French

101 Conversations in Intermediate German

101 Conversations in Intermediate Italian

101 Conversations in Intermediate Spanish

101 Conversations in Mexican Spanish

101 Conversations in Social Media Spanish

Climate Change in Simple Spanish

World War II in Simple Spanish

All titles are also available as audiobooks. Just search your favourite store!

For more information visit Olly's author page at *www.storylearning.com/books*

ABOUT THE AUTHOR

 Olly Richards is a foreign language expert and teacher. He speaks eight languages and has authored over 30 books. He has appeared in international press, from the BBC and the Independent to El País and Gulf News. He has featured in language documentaries and authored language courses for the Open University.

Olly started learning his first foreign language at the age of 19, when he bought a one-way ticket to Paris. With no exposure to languages growing up, and no natural talent for languages, Olly had to figure out how to learn French from scratch. Twenty years later, Olly has studied languages from around the world and is considered an expert in the field.

Through his books and website, StoryLearning.com, Olly is known for teaching languages through the power of story – including the book you are holding in your hands right now!

You can find out more about Olly, including a library of free training, at his website:

www.storylearning.com

CONTENTS

INTRODUCTION

I have a golden rule when it comes to improving your level and becoming fluent in a foreign language: Read around your interests. When you spend your time reading foreign language content on a topic you're interested in, a number of magical things happen. Firstly, you learn vocabulary that is relevant to your interests, so you can talk about topics that you find meaningful. Secondly, you find learning more enjoyable, which motivates you to keep learning and studying. Thirdly, you develop the habit of spending time in the target language, which is the ultimate secret to success with a language. Do all of this, and do it regularly, and you are on a sure path to fluency.

But there is a problem. Finding learner-friendly resources on interesting topics can be hard. In fact, as soon as you depart from your textbooks, the only way to find material that you find interesting is to make the leap to native-level material. Needless to say, native-level material, such as books and podcasts, is usually far too hard to understand or learn from. This can actually work against you, leaving you frustrated and demotivated at not being able to understand the material.

In my work as a language educator, I have run up against this obstacle for years. I invoke my golden rule: "Spend more time immersed in your target language!", but when students ask me where to find interesting material at a suitable level, I have no answer. That is why I write my books, and why I created this series on non-fiction. By creating learner-friendly material on interesting and important topics, I hope to make it possible to learn your target language faster, more effectively, and more enjoyably, while learning about things that matter to you. Finally, my golden rule has become possible to follow!

Climate Change

If there is one issue that has come to define our times, it is climate change. From classrooms to building sites, office buildings to car showrooms, climate change has become an issue that millions of people around the world are taking more seriously than ever. More and more, people are choosing to educate themselves on what they see as the most important issue of their lives. So, what better way to improve your Spanish than to learn about climate change… *in Spanish?*

Climate Change in Simple Spanish is the ideal companion for climate-conscious learners to improve their Spanish.

Not only will you learn the vocabulary you need to talk about climate change in Spanish, but you will also deepen your knowledge about climate change itself. Written in a fun conversational format that makes the science easier to understand, you'll follow discussions between three main characters over 34 chapters as they discuss the main issues of climate change. Fun, comprehensive, apolitical, and reviewed at PhD level for scientific accuracy, this book is the perfect way to improve your Spanish while learning about the most important issue facing our planet today.

HOW TO USE THIS BOOK

There are many possible ways to use a resource such as this, which is written entirely in Spanish. In this section, I would like to offer my suggestions for using this book effectively, based on my experience with thousands of students and their struggles.

There are two main ways to work with content in a foreign language:

1. Intensively

2. Extensively

Intensive learning is when you examine the material in great detail, seeking to understand all the content – the meaning of vocabulary, the use of grammar, the pronunciation of difficult words, etc. You will typically spend much longer with each section and, therefore, cover less material overall. Traditional classroom learning generally involves intensive learning.

Extensive learning is the opposite of intensive. To learn extensively is to treat the material for what it is – not as the object of language study, but rather as content to be enjoyed and appreciated. To read a book for pleasure is an example of extensive reading. As such, the aim is not to stop and study the language that you find, but rather to read (and complete) the book.

There are pros and cons to both modes of study and, indeed, you may use a combination of both in your approach. However, the "default mode" for most people is to study *intensively*. This is because there is the inevitable temptation to investigate anything you do not understand in the pursuit of progress and hope to eliminate all mistakes. Traditional language education trains us to do this. Similarly, it is not obvious to many readers how extensive study can be effective. The uncertainty and ambiguity can be uncomfortable: "There's so much I don't understand!"

In my experience, people have a tendency to drastically overestimate what they can learn from intensive study and drastically underestimate what they can gain from extensive study. My observations are as follows:

- **Intensive learning**: Although it is intuitive to try to "learn" something you don't understand, such as a new word, there is no guarantee you will actually manage to "learn" it! Indeed, you will be familiar with the feeling of trying to learn a new word, only to forget it shortly afterwards! Studying intensively is also time-consuming, meaning you can't cover as much material.

- **Extensive learning**: By contrast, when you study extensively, you cover huge amounts of material and give yourself exposure to much more content in the language than you otherwise would. In my view, this is the primary benefit of extensive learning. Given the immense size of the task of learning a foreign language, extensive learning is the only way to give yourself the exposure to the language that you need in order to stand a chance of acquiring it. You simply can't learn everything you need in the classroom!

When put like this, extensive learning may sound quite compelling! However, there is an obvious objection: "But how do I *learn* when I'm not looking up or memorising things?" This is an understandable doubt if you are used to a traditional approach to language study. However, the truth is that you can learn an extraordinary amount *passively* as you read and listen to the language, but only if you give yourself the opportunity to do so! Remember, you learned your mother tongue passively. There is no reason you shouldn't do the same with a second language!

Here are some of the characteristics of studying languages extensively:

Aim for completion: When you read material in a foreign language, your first job is to make your way through from beginning to end. Read to the end of the chapter or listen to the entire audio without worrying about things you don't understand. Set your sights on the finish line and don't get distracted. This is a vital behaviour to foster because it trains you to enjoy the material before you start to get lost in the details. This is how you read or listen to things in your native language, so it's the perfect thing to aim for!

Read for gist: The most effective way to make headway through a piece of content in another language is to ask yourself: "Can I follow the gist of what's going on?" You don't need to understand every word, just the main ideas. If you can, that's enough! You're set! You can understand and enjoy a great amount with gist alone, so carry on through the material and enjoy the feeling of making progress! If the material is so hard that you struggle to understand even the gist, then my advice for you would be to consider easier material.

Don't look up words: As tempting as it is to look up new words, doing so robs you of time that you could spend reading the material. In the extreme, you can spend so long looking up words that you never finish what you're reading. If you come across a word you don't understand… Don't worry! Keep calm and carry on. Focus on the goal of reaching the end of the chapter. You'll probably see that difficult word again soon, and you might guess the meaning in the meantime!

Don't analyse grammar: Similarly to new words, if you stop to study verb tenses or verb conjugations as you go, you'll never make any headway with the material. Try to *notice* the grammar that's being used (make a mental note) and carry on. Have you spotted some unfamiliar grammar? No problem. It can wait. Unfamiliar grammar rarely prevents you from understanding the gist of a passage, but can completely derail your reading if you insist on looking up and studying every grammar point you encounter. After a while, you'll be surprised by how this "difficult" grammar starts to become "normal"!

You don't understand? Don't worry! The feeling you often have when you are engaged in extensive learning is: "I don't understand". You may find an entire paragraph that you don't understand or that you find confusing. So, what's the best response? Spend the next hour trying to decode that difficult paragraph? Or continue reading regardless? (Hint: It's the latter!) When you read in your mother tongue, you will often skip entire paragraphs you find boring, so there's no need to feel guilty about doing the same when reading Spanish. Skipping difficult passages of text may feel like cheating, but it can, in fact, be a mature approach to reading that allows you to make progress through the material and, ultimately, learn more.

If you follow this mindset when you read Spanish, you will be training yourself to be a strong, independent Spanish learner who doesn't have to rely on a teacher or rule book to make progress and enjoy learning. As you will have noticed, this approach draws on the fact that your brain can learn many things naturally, without conscious study. This is something that we appear to have forgotten with the formalisation of the education system. But, speak to any accomplished language learner and they will confirm that their proficiency in languages comes not from their ability to memorise grammar rules, but from the time they spend reading, listening to, and speaking the language, enjoying the process, and integrating it into their lives.

So, I encourage you to embrace extensive learning, and trust in your natural abilities to learn languages, starting with… The contents of this book!

THE SIX-STEP READING PROCESS

Here is my suggested six-step process for making the most of each conversation in this book:

1. Read the short introduction to the conversation. This is important, as it sets the context for the conversation, helping you understand what you are about to read. Take note of the characters who are speaking and the situation they are in. If you need to refresh your memory of the characters, refer to the character introductions at the front of the book.

2. Read the conversation all the way through without stopping. Your aim is simply to reach the end of the conversation, so do not stop to look up words and do not worry if there are things you do not understand. Simply try to follow the gist of the conversation.

3. Read the "key facts" at the end of the chapter. This is a short summary of the conversation that will help you understand the topic.

4. Go back and read the same conversation a second time. If you like, you can read in more detail than before, but otherwise simply read it through one more time, using the vocabulary list to check unknown words and phrases where necessary.

5. By this point, you should be able to follow the gist of the conversation. You might like to continue to read the same conversation a few more times until you feel

confident. Ask yourself: "Did I learn anything new about climate change? Were any facts surprising?"

6. Move on! There is no need to understand every word in the conversation, and the greatest value from the book comes from reading it through to completion! Move on to the next conversation and do your best to enjoy the content at your own pace.

At every stage of the process, there will inevitably be parts you find difficult. Instead of worrying about the things you *don't* understand, try to focus instead on everything that you *do* understand, and congratulate yourself for the hard work you are putting into improving your Spanish.

A NOTE FROM THE EDITOR

Climate change is one of the most talked-about topics of our time. Everyone – from your teacher to politicians on TV – is talking about environment-friendly alternatives to today's household items. In addition, scientists around the world are conducting exciting research to resolve what has become a climate crisis.

However, what do we really mean when we speak of "climate change"?

Different news sources and reports can leave us feeling confused, and the answers seem to be more complex than they should be.

First, let's take a look at some definitions:

Climate change is defined as a change in global or regional climate patterns. The term has become popular when referring to changes from the late-20th century onwards. Many of these changes are because of increased levels of atmospheric greenhouse gas (GHG) emissions produced by the use of fossil fuels. GHG emissions in the atmosphere such as carbon dioxide (CO_2), water vapor (H_2O), nitrous oxide (N_2O), methane (CH_4) and sulphur hexafluoride (SF_6) are produced by both natural and human activities. In addition to these, chlorofluorocarbons (CFCs) can increase the concentration of GHG emissions and so, make a serious contribution to climate change. CFCs are used as refrigerants, sprays, and solvents, and they are exclusively produced by humans.

Since industrialisation, most companies have been using non-sustainable resources, which means that everyone produces harmful emissions. As a result, we are likely to witness more and more natural disasters in the future (such as the Australian wildfires, East Africa drought, and South Asia floods, to mention just a few). Sadly, these emissions are not ordinary or limited to a single area, and the global risk is great. This is an issue that affects all living creatures and (you may have heard this expression) there is no planet B!

An Intergovernmental Panel on Climate Change (IPCC) special report (2018) claimed that global temperatures are now 1.5 °C above pre-industrial levels due to the increase in GHG emissions. The report also stressed the importance of a global response to the threat of climate change and sustainable development (Special Report on Global Warming of 1.5 °C, IPCC). Further studies show that global temperatures may rise dramatically (3-4 °C) by 2100 due to increased levels of man-made GHG emissions (AR5: Synthesis Report: Climate Change 2014, IPCC). As a consequence, and as you'll soon discover in this book, climate change can increase the frequency of heatwaves, floods, and droughts around the world, affecting natural habitats, water, and food availability. It may also have a huge impact on human health.

Undoubtedly, the impact of climate change represents a real threat to the prospects of sustainable development. GHG emissions are deeply linked to population, economic growth, land use, and choice of technology. It has been shown that the development patterns of industrialised countries caused most of the current change in the climate. Therefore, future change will largely be determined by the development patterns of the less industrialised countries, which need to show a more sensitive approach during their economic development by using more environmentally sustainable resources.

These basic features of the problem must shape both the economic and environmental conditions we would like to improve. There are several ways to reduce GHG emissions, for instance by controlling energy efficiency in industries, switching fuels, using renewable energy, and more sustainable recycling. However, positive changes can be carried out, albeit on a smaller scale, by individuals taking ownership and responsibility for their own choices and habits in their daily life. This could include recycling, less frequent car travel, and even our own eating habits!

Gianluca Trifirò.

¿CUÁNTO SABES SOBRE EL CAMBIO CLIMÁTICO?

INTRODUCTION TO THE STORY

This books tells the story of three friends: Elena, David and Maria. Elena is a writer for a newspaper. She is writing articles on climate change for her work. She lives in Madrid. David and Maria are partners. David is a doctor, and Maria is a primary school teacher. They live together in Toledo.

The story is told through conversation in seven parts, over one month in autumn. Each part is on a subject related to climate change. Elena, David and Maria talk about climate change with their friends, colleagues and even strangers. They talk about the weather in different areas of the world. They talk about how animals, people and plants are hurt by climate change. Diet and energy are also subjects in their conversations.

Climate change can be a controversial topic. In this book, we do not take sides, promote agendas, or try to scare you into action! We want you to be informed. As such, we seek to present the most up-to-date and accurate information available from scientists. You will find a list of research studies and articles at the end of every chapter.

Elena, David and Maria are people just like you. They want to live a good life. They also want to help the planet. In this book, they learn how to do both. And so will you!

CHARACTER PROFILES

AT THE CAFÉ IN MADRID

Elena: a 27 year-old journalist at a newspaper who lives and works in central Madrid; she is writing articles about climate change

David: a 28 year-old GP; his partner is María, and they live in Toledo; he met both Elena and María at university

María: a 27 year-old primary school teacher; her partner is David

AT ELENA'S NEWSPAPER OFFICE IN MADRID

Manuel: a 55 year-old editor at Elena's newspaper; he grew up in Spain

Pablo: a 30 year-old newspaper writer from Cataluña, Elena's co-worker

AT MARÍA'S PRIMARY SCHOOL IN TOLEDO

Omar: an 8 year-old Year 3 student; his family came to Spain from North Africa

Emma: a 7 year-old Year 3 student; her father is a fisherman

AT DAVID'S GP PRACTICE IN TOLEDO

Julia: a 66 year-old retiree who is part of a local environmental group; David's patient and Yoko's partner

Yoko: a 68 year-old retiree; David's patient and Julia's partner; she is Japanese

Jaime: a 45 year-old butcher; he owns the local shop Carne Suprema; Julia and Yoko are his customers

ON A PASEO MARÍTIMO IN BARCELONA

Damià: a 15 year-old student who lives nearby and is studying climate change in secondary school

Toni: his 80 year-old grandfather who also lives nearby; he is curious about climate change

AT DAVID AND MARÍA'S HOME IN TOLEDO

Tomás: a 28 year-old banker who lives in Valencia; his is David's best friend from secondary school and visits David and María for a dinner party

PRIMERA PARTE: CONCEPTOS BÁSICOS SOBRE EL CAMBIO CLIMÁTICO

Una vez al mes, Elena queda con sus dos mejores amigos de la universidad, David y María, en una cafetería de Madrid. Elena trabaja de periodista para un periódico y vive y trabaja en el centro de Madrid. David y María son pareja y viven en Toledo. Él es médico de cabecera, y ella es profesora en una escuela primaria. Todos ellos terminaron la universidad hace 3 años.

CAPÍTULO 1: ¿QUÉ ES EL CAMBIO CLIMÁTICO?

Elena llama a sus amigos, David y María, a finales de septiembre para quedar como todos los meses. Cuando David ve la llamada de Elena, la pone en altavoz para poder escucharse y hablar todos juntos.

David: ¡Hola, Elena! ¿Cómo estás?

Elena: ¡Muy bien, David, gracias! ¿Y a vosotros, cómo os va?

David: ¡Todo bien! Y a María también. ¡María, salúdala!

María: ¡Hola, Elena!

Elena: Os llamo porque acabo de recibir buenas noticias y quiero celebrarlo con un café con mis mejores amigos. ¿Tenéis un hueco el próximo sábado?

David: Creo que sí. María, ¿estamos libres el próximo sábado?

María: ¡Sí! ¿Qué noticias tienes, Elena?

Elena: El periódico para el que trabajo me ha pedido una serie de artículos sobre el cambio climático. ¡Es mi primer encargo importante para ellos!

David y María: ¡Qué bien! ¡Felicidades!

María: Durante el año pasado, he leído cada vez más reportajes sobre el cambio climático en los periódicos. Primero eran todos esos artículos sobre los incendios forestales de Australia, y luego también vi algunas fotos que mostraban cómo la contaminación del aire de China e Italia disminuyó mientras todo el mundo se quedaba en casa por el coronavirus durante el invierno y la primavera de 2020.

Elena: Sí, me acuerdo de esas fotos de la calidad del aire de China antes y después del brote de Wuhan. ¡Eran muy diferentes!

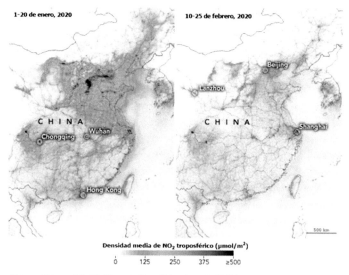

Airborne Nitrogen Dioxide Plummets Over China, image by NASA

David: Espera, tengo una pregunta un poco tonta para ti. ¿Qué es exactamente el cambio climático? Sé que la temperatura del planeta aumenta y que causa fenómenos climáticos que no son normales, como tormentas y sequías fuertes, pero no estoy seguro de saber lo que significa exactamente la expresión "cambio climático".

Elena: ¿Pero qué dices, David? ¡No es una pregunta tonta, para nada! A menudo decimos "cambio climático" cuando en realidad nos referimos al "calentamiento global", pero no son lo mismo.

Empecemos por el clima. El clima es el tipo de tiempo meteorológico que hace normalmente en un lugar. El cambio climático es algo totalmente diferente: ocurre cuando el clima de una región o del mundo entero cambia permanentemente. Por ejemplo, el clima podría volverse más seco, más lluvioso, más caliente, más frío, hacer más viento o haber más nubes.

María: Entonces, Madrid tiene un clima seco, pero si empieza a llover más y eso dura muchos años, entonces podríamos decir que en Madrid ha habido un cambio climático.

Elena: ¡Exactamente!

María: Pero también has hablado del calentamiento global. Esa expresión se refiere a la subida de temperaturas en la Tierra de los últimos años, ¿verdad?

Elena: Casi. El calentamiento global se refiere más a cómo algunas tecnologías en concreto, como por ejemplo los coches y las centrales eléctricas, han calentado la Tierra.

David: Ah, vale. ¡Creo que ya entiendo la diferencia! El cambio climático es el cambio real en el clima de un lugar, y el calentamiento global es la subida de las temperaturas en toda la Tierra.

Elena: ¡Os cuento más el sábado que viene! ¿Quedamos a las 14:00 donde siempre, en la cafetería de la esquina de la Gran Vía?

David: ¡Guay! ¡Tenemos muchas ganas de verte, Elena, y de saber más sobre el cambio climático!

Datos clave:

- *El clima es el tiempo meteorológico que se observa normalmente en un lugar. La temperatura, la velocidad del viento, la cantidad de lluvia/nieve y de nubes y otros elementos.*

- *El cambio climático sucede cuando el clima de un lugar cambia lo suficiente como para convertirse en uno nuevo. El clima de una zona puede hacerse más caluroso, más frío, más lluvioso o más seco, y puede haber más viento o más nubes.*

- *El calentamiento global es el aumento de la temperatura de la Tierra que comenzó a detectarse recientemente, y sus causas se encuentran en algunas actividades humanas, como el transporte y la quema de carbón para obtener electricidad.*

Vocabulario

médico de cabecera GP, family doctor
altavoz loudspeaker
tener un hueco have some time (have a free time slot)
disminuir decrease
aumentar increase
brote outbreak
sequía drought
calentamiento warming

lluvioso rainy
central eléctrica power station
guay cool, great
detectarse to detect
carbón coal

Bibliografía

IPCC, 2013: Glosario [Planton, S. (ed.)]. En: Cambio Climático 2013.
Bases físicas. Contribución del Grupo de trabajo I al Quinto Informe
de Evaluación del Grupo Intergubernamental de Expertos sobre el
Cambio Climático [Stocker, T.F., D. Qin, G.-K. Plattner, M. Tignor,
S.K. Allen, J. Boschung, A. Nauels, Y. Xia, V. Bex y P.M. Midgley
(eds.)]. Cambridge University Press, Cambridge, Reino Unido y
Nueva York, NY, Estados Unidos de América. https://www.ipcc.ch/
site/assets/uploads/2018/08/WGI_AR5_glossary_ES.pdf.

National Aeronautics and Space Administration (NASA). (2020).
Resources: Global Warming vs. Climate Change | Overview: Weather,
global warming, and climate change. Global climate change: Vital
signs of the planet. https://climate.nasa.gov/resources/global-
warming-vs-climate-change/.

Patel, K. (s.f.). Airborne nitrogen dioxide plummets over China. NASA
Earth observatory. https://earthobservatory.nasa.gov/images/146362/
airborne-nitrogen-dioxide-plummets-over-china.

Stevens, J. (1 enero-25 febrero de 2020). [Nitrogen dioxide plummeting
over China] [Imagen]. Recuperado el 23 de mayo de 2020 de
https://earthobservatory.nasa.gov/images/146362/airborne-nitrogen-
dioxide-plummets-over-china.

CAPÍTULO 2: ¿CÓMO SABEMOS QUE EL CLIMA ESTÁ CAMBIANDO?

Es sábado y Elena, David y María están en la cafetería en el centro de Madrid. Encuentran una mesa en la esquina y se sientan. Ese día hace demasiado calor para ser la última semana de septiembre.

Elena: ¡Qué alegría volveros a veros a los dos! ¿Cómo estáis?

María: ¡Muy bien! Tengo ganas de volver a clase la semana que viene. No puedo creer que ya estemos a finales de septiembre, con el calor que está haciendo. ¡Parece que estemos en agosto!

David: ¿A que sí? ¿Me decís lo que queréis y os traigo también un poco de agua fría?

Elena: ¡Qué amable, David, muchas gracias! Con este calor necesitamos beber mucha agua. Yo voy a tomar un capuchino.

David: ¿Y tú, María?

María: Un té. ¡Gracias, cariño!

David: ¡Vale, ya vuelvo!

María: ¡Qué bien se está aquí con el aire acondicionado y sin el calor de afuera! Es increíble el calor que hace hoy. ¿Te lo puedes creer?

Elena: ¡Vaya que sí! Justo ahora estoy terminando un artículo sobre esta ola de calor. Ahora mismo estamos como en el verano de 2019. ¡Ese fue el más caluroso de la historia al norte del ecuador!

David: ¡Ya estoy aquí! Aquí están vuestras bebidas, chicas. Por cierto, ¿he escuchado la palabra "calor"? Seguro que tus artículos van del cambio climático, Elena.

María: David, ¿por qué no le cuentas lo de la Sra. Dolores?

Elena: ¿La Sra. Dolores?

David: Sí, es una señora mayor que vive sola en nuestro pueblo. Se mareó la semana pasada mientras iba caminando a la tienda bajo el sol. Se tuvo que quedar en el hospital una noche entera.

Elena: ¡Ay no, qué mal! ¿Y ahora cómo está? ¿Está bien?

David: Sí, ya está en casa. Le dije que debía beber mucha agua, usar sombrero o llevar una sombrilla para protegerse del sol, usar crema solar y quedarse dentro de casa cuando el sol está muy fuerte.

María: ¡Con una buena lluvia bajaría la temperatura!

Elena: Ya que hablas de la lluvia, algunos científicos españoles piensan que aquí puede que tengamos más lluvia en invierno por el cambio climático. Por desgracia, ¡la lluvia hace más falta en julio que en diciembre!

María: Además de tener más lluvia en invierno y más calor en verano, ¿cómo van a cambiar nuestras vidas con el cambio climático?

Elena: Los efectos del cambio climático son diferentes en cada parte del mundo. ¿Os acordáis de los incendios de Australia?

David: ¡Que si me acuerdo! ¡Se quemó una zona casi tan grande como España entera!

Elena: Se quemó todo ese territorio porque en 2018 y 2019 los veranos fueron muy secos. Cuando las plantas y el suelo están secos, se queman más fácilmente.

María: Me sentí muy mal cuando me enteré de que murieron tantos koalas y canguros. ¡Algunas personas incluso pensaron que no iban a quedar koalas! Mis alumnos estaban tan tristes por los animales que les escribimos cartas de apoyo a los trabajadores que los cuidaban en Australia.

Elena: Sí, la muerte de los animales puede ser otro efecto del cambio climático. Cuando los animales pierden sus hogares por el fuego, no pueden sobrevivir. Sin embargo, no solo les puede pasar a los koalas. Los insectos y los peces, por ejemplo, tienen dificultades para sobrevivir si en los lugares donde viven empieza a hacer más calor.

David: ¡Vaya! ¡Por eso es que en la pescadería no siempre tienen bacalao para preparar mis buñuelos!

María: ¡¿Nos vamos a quedar sin buñuelos de bacalao?! ¡Ahora sí sé lo que significa sufrir el cambio climático!

Todos: ¡Ja, ja, ja!

> *Datos clave:*
>
> - *Podemos observar los efectos del cambio climático por todas partes: más incendios forestales, más días de calor, extinción de animales y en cómo se sienten nuestros cuerpos.*

Vocabulario

cariño love, honey
aire acondicionado air conditioning system
ola de calor heatwave
ir de *here:* deal with, be about
marearse to feel dizzy, to feel queasy
sombrilla parasol
incendio fire
canguro kangaroo
alumno pupil, student
apoyo support
sobrevivir to survive
bacalao codfish
buñuelo fried puffs

Bibliografía

Amblar, P. et al. (2017). *Guía de escenarios regionalizados de cambio climático sobre España.* Ministerio de Agricultura y Pesca, Alimentación y Medio Ambiente. Agencia Estatal de Meteorología. https://www.miteco.gob.es/es/cambio-climatico/temas/impactos-vulnerabilidad-y-adaptacion/guia_escenarios_ar5_2017_tcm30-485945.pdf.

BBC News. (31 de enero de 2020). *Australia fires: A visual guide to the bushfire crisis.* https://www.bbc.com/news/world-australia-50951043.

International Union for Conservation of Nature (ICUN). (s.f.). *Species and climate change*. Species: Our work. https://www.iucn.org/theme/species/our-work/species-and-climate-change.

Ministerio de Sanidad Consumo y Bienestar Social. (s.f) (2018, January 12). *Cuidado con el exceso de calor*. Salud pública, prevención y promoción. Recuperado el 4 de junio de 2020 de: https://www.mscbs.gob.es/profesionales/saludPublica/prevPromocion/calor.htm/.

National Oceanic and Atmospheric Administration (NOAA). (16 de septiembre de 2019). *Summer 2019 was hottest on record for Northern Hemisphere*. News & Features. https://www.noaa.gov/news/summer-2019-was-hottest-on-record-for-northern-hemisphere.

Nuccitelli, D. (17 de enero de 2020). *How climate change influenced Australia's unprecedented fires*. Yale Climate Connections. https://www.yaleclimateconnections.org/2020/01/how-climate-change-influenced-australias-unprecedented-fires/.

Samuel, S. (7 de enero de 2020). *A staggering 1 billion animals are now estimated dead in Australia's fires*. Vox. https://www.vox.com/future-perfect/2020/1/6/21051897/australia-fires-billion-animals-dead-estimate.

CAPÍTULO 3: ¿CUÁNDO COMENZÓ NUESTRO CLIMA A CAMBIAR TAN RÁPIDO?

María, Elena y David continúan su conversación en la cafetería. Ya han hablado sobre el cambio climático durante un rato.

María: Entonces, Elena, tengo otra pregunta para ti sobre el cambio climático y el calentamiento global.

Elena: ¡Adelante, suéltala!

María: Nuestro planeta era mucho más caluroso en el pasado que ahora, ¿verdad?

Elena: Sí, hace mucho tiempo: ¡unos 56 millones de años! De hecho, el clima era demasiado caluroso para los humanos. Esa temperatura se debía al alto nivel de dióxido de carbono, o CO_2, del aire.

David: El dióxido de carbono es uno de los "gases de efecto invernadero", ¿verdad?

Elena: ¡Sí! El dióxido de carbono se libera en el aire cuando quemamos carbón y otros combustibles. El nivel de dióxido de carbono comenzó a subir poco después del comienzo de la Revolución Industrial, a principios del siglo XIX, que fue cuando empezó a haber fábricas donde antes había granjas.

María: ¡Me acuerdo de haber estudiado eso en la escuela! Las fábricas quemaban carbón para hacer funcionar sus máquinas. La quema de carbón soltaba un humo negro y denso en las ciudades más grandes.

Elena: Correcto. El humo de las fábricas comenzó a cambiar la temperatura de los océanos ya en 1830.

David: ¡Vaya! ¿Los océanos se calentaron?

Elena: ¡Sí! Y la cantidad de dióxido de carbono en el aire ha subido un 45% desde la Revolución Industrial.

David: ¡Vaya! ¡Eso es mucho dióxido de carbono!

María: ¡Muchísimo! Pero los niveles de dióxido de carbono no aumentan al mismo ritmo cada año, ¿verdad?

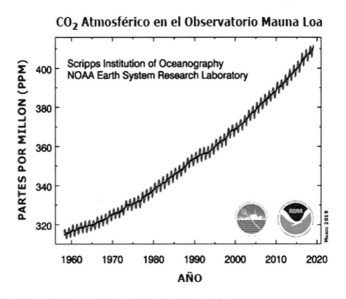

Atmospheric CO2 at Mauna Loa Observatory, image by NASA

Elena: Así es, María. ¿Veis la tabla que tengo en mi móvil? Si esta línea la hacemos recta, termina más o menos por el 370, pero no es recta, ya que termina en 420 ppm. «Ppm» significa «partes por millón» o el número de partículas de dióxido de carbono en un millón de partículas de aire.

David: Entonces, solo para asegurarme de que lo entiendo: comenzamos a quemar combustibles fósiles como el carbón, el petróleo y el gas natural a principios del siglo XIX para hacer funcionar nuestras fábricas, ¿verdad?

María y Elena: ¡Exacto!

David: Esa quema soltó mucho dióxido de carbono en la atmósfera. ¿Cierto?

María y Elena: ¡Ajá!

David: Y, a medida que se abrían fábricas en más países, el nivel de dióxido de carbono iba aumentando cada vez más y más deprisa.

Elena y María: ¡Sí!

Elena: Me está volviendo a dar sed de tanto hablar de todo ese calor. Creo que voy a tomarme otro capuchino, ¡pero esta vez me lo pido helado!

David: ¡No te olvides de volver a llenar tu vaso de agua!

Elena: Mejor aún, ¡voy a llenar todos nuestros vasos!

Vocabulario

suéltalo let it out, take it out of your chest (say what you want to say)
deberse a to be due to, to be caused by
liberarse to be released
combustible fuel
comienzo beginning, start
fábrica factory
granja farm
denso dense
ritmo rhythm
petróleo oil
quema burning
a medida que as
extenderse to spread

Bibliografía

Abram, N. J., McGregor, H. V., Tierney, J. E., Evans, M. N., McKay, N. P., Kaufman, D. S., y PAGES 2k Consortium. (2016). Early onset of industrial-era warming across the oceans and continents. *Nature, 536*, 411-18. https://doi.org/10.1038/nature19082.

Buis, A. (9 de octubre de 2019). *Features | The atmosphere: getting a handle on carbon dioxide*. NASA. https://climate.nasa.gov/news/2915/the-atmosphere-getting-a-handle-on-carbon-dioxide/.

Enciclopedia de Historia. (s.f.). Revolución Industrial. Recuperado el 4 de junio de 2020: https://enciclopediadehistoria.com/revolucion-industrial/.

IPCC, 2013: Glosario [Planton, S. (ed.)]. En: Cambio Climático 2013. Bases físicas. Contribución del Grupo de trabajo I al Quinto Informe de Evaluación del Grupo Intergubernamental de Expertos sobre el Cambio Climático [Stocker, T.F., D. Qin, G.-K. Plattner, M. Tignor, S.K. Allen, J. Boschung, A. Nauels, Y. Xia, V. Bex y P.M. Midgley (eds.)]. Cambridge University Press, Cambridge, Reino Unido y Nueva York, NY, Estados Unidos de América. https://www.ipcc.ch/site/assets/uploads/2018/08/WGI_AR5_glossary_ES.pdf.

NOAA. (s.f.). Atmospheric CO_2 at Mauna Loa Observatory [Infographic]. NASA. https://climate.nasa.gov/news/2915/the-atmosphere-getting-a-handle-on-carbon-dioxide/.

Scott, M. y Lindsey, R. (12 de agosto de 2014). *What's the hottest Earth's ever been?* Climate.gov. https://www.climate.gov/news-features/climate-qa/whats-hottest-earths-ever-been.

CAPÍTULO 4: ¿DÓNDE PODEMOS ENCONTRAR BUENA INFORMACIÓN SOBRE EL CAMBIO CLIMÁTICO?

Después de llenar con agua los vasos de todos, Elena pide un capuchino helado para ella, un agua con gas para David y un trozo de pastel para María. Regresa a la mesa con sus pedidos.

Elena: ¡Aquí tenéis! Sí que tenían tarta de Santiago, María.

María: ¡Mi favorita, qué rica! ¡Gracias, Elena!

David: ¿De dónde sacas información para tus artículos? Me gustaría leer más sobre el cambio climático, pero no soy científico.

Elena: Yo tampoco, pero puedes encontrar mucha información buena en Internet. La página web de las Naciones Unidas tiene mucha información y muy detallada sobre el cambio climático. Allí tienen el gran informe científico de 2013 sobre el cambio climático, escrito por el Panel Intergubernamental sobre el Cambio Climático o IPCC.

María: ¡He oído hablar del informe del IPCC! ¿Es fácil de leer?

Elena: Bueno, es un poco difícil de leer por cómo está escrito. Además, es muy largo, porque es el informe más detallado sobre el cambio climático que se ha escrito. Pero la NASA tiene una página web sobre el cambio climático que es mucho más fácil de leer, ¡y es más corta! La página del Ministerio para la Transición Ecológica de España también tiene muy buena información.

María: ¡Gracias! Voy a consultarlas. ¿Hay páginas buenas para niños?

Elena: ¡Claro que sí! En la web de EducaClima hay materiales didácticos sobre cambio climático hechos por profesores para profesores. La web de UNICEF también tiene material.

María: ¡Eso me viene de cine para usar con mis alumnos! Creo que este año les voy a dar clases sobre el cambio climático.

David: ¡Pues es una muy buena idea!

María: Bueno, cariño, creo que es hora de irnos. ¡Ha sido genial verte, Elena, y que nos cuentes tantas cosas sobre el cambio climático! ¡Tenemos ya ganas de leer tus artículos!

Elena: ¡Gracias! Oye, tengo una idea. ¿Qué os parece si los tres empezamos a pensar más sobre el cambio climático durante las próximas semanas? Así podremos contarnos todo de lo que nos hemos enterado la próxima vez que nos veamos.

David: ¡Venga, es una idea genial! ¡A ver si hay suerte ese día y hace un tiempo más fresco! ¡Hasta el mes que viene, Elena!

Elena: ¡Adiós, chicos! ¡Nos vemos pronto!

David y María: ¡Chao!

Datos clave:

- *Puedes encontrar información científica de calidad sobre el cambio climático en las páginas web de organizaciones como las Naciones Unidas, la NASA, el Ministerio de Medio Ambiente y la National Geographic.*

Vocabulario

tarta de santiago a sponge cake made with ground almonds and caster sugar on top
detallado detailed, exhaustive
informe report
consultar to look up, to consult
didáctico educational, didactic
ir de cine to be fantastic, awesome; to come in handy
venga it's on, let's do it
chao bye bye (from the Italian *ciao*)

Bibliografía

EducaClima. (s.f.). https://www.educaclima.com/.

Ministerio para la Transición Ecológica y el Reto Demográfico. (s.f.). *¿Qué es el cambio climático?* https://www.miteco.gob.es/es/cambio-climatico/temas/que-es-el-cambio-climatico-y-como-nos-afecta/.

Naciones Unidas (UN). (s.f.). *Cambio climático.* https://www.un.org/es/climatechange/.

UNICEF España. (s.f.). Nos protegemos del clima. Actividad para Educación Infantil y primer ciclo de Primaria. https://www.unicef.es/educa/bilioteca/actividad-educacion-infantil-clima

Van der Linden, S. L., Leiserowitz, A. A., Feinberg, G. D., y Maibach, E. W. (2014). How to communicate the scientific consensus on climate change: plain facts, pie charts or metaphors? *Climatic Change*, *126*, 255-62. https://doi.org/10.1371/journal.pone.0118489.s001.

SEGUNDA PARTE: CARACTERÍSTICAS DE LOS CLIMAS

CAPÍTULO 5: TIPOS DE CLIMA

Elena está en la oficina de su periódico, en el centro de Madrid. Está con su editor, Manuel, y un compañero de trabajo, Pablo, hablando de su serie de artículos sobre el cambio climático.

Manuel: ¡Tu artículo sobre las diferencias entre el clima, el cambio climático y el calentamiento global es fantástico, Elena! A nuestros lectores les ha encantado, y a mí también.

Elena: ¡Muchas gracias, Manuel! Me ha gustado mucho escribirlo.

Pablo: ¡Me alegro! Tu trabajo es excelente, Elena. ¿Puedo hacerte una pregunta?

Elena: ¡Por supuesto!

Pablo: ¡Estupendo! Dime, ¿cuántos climas diferentes hay?

Elena: Hay cinco regiones climáticas principales. Los científicos las llaman Zonas A, B, C, D y E.

Pablo: ¿Y qué son?

Elena: ¡Te lo enseño! Déjame que lo abra en mi ordenador.... Este mapa muestra las 5 regiones climáticas más importantes.

Manuel: ¡Cuántos colores!

Elena: ¿A que sí? Bueno, comenzamos con la Zona A, la región de clima tropical. Las áreas tropicales son lugares calurosos y húmedos que están cerca del ecuador, como las selvas de Brasil.

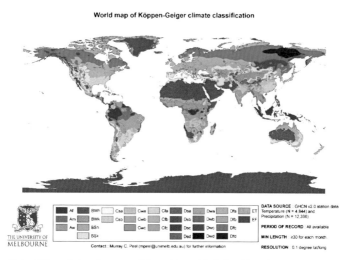

Updated Köppen-Geiger climate map of the world, copyright Peel et al (2007)

Pablo: Entonces, eso quiere decir que los climas tropicales son calurosos y húmedos.

Manuel: Aquí está Brasil en el mapa... Vale, entonces la Zona A debe ser la de color azul oscuro. Parece que hay otras zonas tropicales en el oeste y centro de África y en el sudeste de Asia.

Elena: ¡Así es, Manuel! Luego está la Zona B, la región árida. 'Árido' significa 'seco', por lo que estas áreas son...

Manuel: ... ¡los desiertos! Como en el norte y el sur de África, Oriente Medio y Australia.

Pablo: Aquí está el desierto del Sáhara, en el norte de África. Entonces, la Zona B debe ser la de color rojo, ¿verdad?

Elena: ¡Exacto! Ahora vamos con la Zona C, que también se conoce como la zona templada cálida.

Manuel: ¿Templada viene de temperatura?

Elena: ¡No exactamente! 'Templado' significa 'suave'; es decir, ni demasiado caliente, ni demasiado frío, ¡como aquí en España!

Manuel: En este mapa, España es de color amarillo y verde claro. Así que creo que la Zona C corresponde en el mapa a la zona amarilla y verde, como pasa con España, y con Inglaterra, Francia o el sureste de los Estados Unidos.

Pablo: ¡Pues con esta ola de calor, creo que el tiempo no está muy templado en este momento!

Manuel: ¡Ja, ja! ¡Tienes razón, Pablo! Dicho esto, ¿te imaginas el calor que debe estar haciendo ahora mismo en las Zonas A y B?

Elena: ¡Ay, Manuel, no quiero ni pensarlo! ¿A que no sabéis cómo se llama la Zona D? La zona continental.

Manuel: Huy, Europa es un «continente», pero con ese nombre es un poquito difícil. En lugares como Francia, Alemania y Europa del Este hace más frío, y es más probable que nieve en invierno que aquí. Supongo que la Zona D es el norte y el interior de Europa.

Pablo: Si eso es así, Manuel, entonces la Zona D es el azul claro que hay sobre Europa, así como el trozo morado y verdoso de Rusia y Canadá.

Elena: ¡Muy bien los dos! La zona continental se encuentra en el norte de Europa, alejada de las costas. Además, el centro y el noreste de Estados Unidos y la mayor parte de Canadá se encuentran en la Zona D.

Pablo: Entonces, la última región climática seguro que está en esas áreas grises del norte de Rusia, Groenlandia y la Antártida. Esas son las partes congeladas de la Tierra, ¿verdad?

Elena: ¡Lo has adivinado! La zona E es la llamada región polar, ¡como los osos polares!

Pablo: ¿Cómo deciden los científicos en qué lugares está cada zona climática, Elena?

Elena: Miden muchas cosas para decidir qué clima tiene un lugar: la temperatura, la cantidad de lluvia, la cercanía del área al mar o al océano, su nivel sobre el mar, qué tipo de plantas crecen allí e incluso qué viento sopla en él.

Pablo: Bueno, no me importa lo que digan estos científicos sobre el clima. ¡Con el viento que hace en las costas de las Baleares, allí no hace este calor tan sofocante!

Elena y Manuel: ¡Ja, ja!

Pablo: Hablando de calor, ¡voy a subir el aire acondicionado! Pero solo un grado, Elena, que ya sé que debemos tener cuidado con la cantidad de electricidad que usamos.

Elena: ¡Eres muy buen alumno, Pablo!

Vocabulario

editor publisher, director of a publishing company
lector reader
disfrutar enjoy
mostrar to show
selva rainforest
vale ok, alright
alejada far away from
congelado frozen
sofocante stifling, smothering
hablando de speaking of (a topic that has been just mentioned)
cercanía closeness, proximity

Bibliografía

Lumen. (s.f.). Humid continental (group D). https://courses. lumenlearning.com/geophysical/chapter/humid-continental- group-d/.

National Wildlife Federation (NWF). (s.f.). Polar bear. The National Wildlife Federation. https://www.nwf.org/Educational-Resources/ Wildlife-Guide/Mammals/Polar-Bear.

Peel MC, Finlayson BL & McMahon TA (2007), Updated world map of the Köppen-Geiger climate classification, Hydrol. Earth Syst. Sci., 11, 1633-1644.

Peel, M. C., Finlayson, B. L., y McMahon, T. A. (s.f.). Köppen classification map [Map]. En Köppen Climate Classification System. En National Geographic Resource Library. Recuperado el 23 de marzo de 2020 de: https://www.nationalgeographic.org/encyclopedia/koppen-climate-classification-system/.

CAPÍTULO 6: ¿CÓMO FUNCIONA LA TEMPERATURA?

Pablo sube el aire acondicionado y regresa a su escritorio. La conversación entre Manuel, Elena y él continúa.

Manuel: Soy mucho mayor que vosotros, y creedme: ¡hace unos años no solía hacer tanto calor en Madrid!

Elena: ¡Me lo creo! Acabo de leer un informe de 2019 que dice que en España ha subido la temperatura unos 1,7ºC desde la época preindustrial y que va a seguir aumentando.

Pablo: Vale, tengo otra pregunta absurda para los dos.

Elena: ¡Ninguna pregunta sobre el cambio climático es absurda, Pablo! Adelante, pregunta.

Pablo: ¿Qué es exactamente la temperatura? En el caso del aire, quiero decir. Sé que hervimos agua calentándola. Entonces, ¿el tema es tan simple como que el sol calienta el aire de la misma manera que un fogón calienta el agua en una olla?

Manuel: Tienes razón, Pablo. En el pasado, el sol calentaba el aire a la temperatura justa para la vida de las plantas, los animales y los humanos. Ahora, en cambio, hay demasiados gases de efecto invernadero en el aire. El fogón está demasiado caliente.

Elena: ¡La cocina es una excelente manera de entender el calentamiento global! Para entender los gases de efecto invernadero podemos usar la jardinería. ¿Alguno de los dos tiene huerto?

Manuel: A mi mujer le encanta trabajar en su huerto, y yo disfruto ayudándola a quitar las malas hierbas en verano. ¡Cuando no hace mucho calor, por supuesto! ¿Y tú, Pablo?

Pablo: No. A mi madre le encanta cultivar cosas, y sus tomates son los mejores de Cataluña, pero, por desgracia, ¡las plantas no son lo mío! Eso sí, me encanta visitar jardines como los del Parque del Retiro.

Elena: Entonces estoy segura de que conoces el Palacio de Cristal. En un principio, estaba pensado para ser un enorme invernadero de plantas tropicales.

Pablo: ¡Sí, me encanta el Palacio de Cristal! Y, ¿sabéis cómo funciona un invernadero?

Photo by Eduardo Rodriguez on Unsplash

Elena y Manuel: ¡No, explícanoslo!

Pablo: Un invernadero es un edificio de cristal para las plantas que necesitan un aire más caliente que el del exterior. El cristal deja entrar el calor del sol y evita que este salga. Así es como el aire del invernadero se mantiene caliente.

Manuel: Y es por eso que el dióxido de carbono se llama gas de efecto invernadero, porque atrapa el calor del sol y convierte la Tierra en un gran invernadero.

Elena: ¡Eso mismo! Sin los gases de efecto invernadero, la Tierra estaría demasiado fría para poder vivir en ella.

Manuel: Entonces, igual que los jardineros mantienen vivas las plantas de los invernaderos, nosotros debemos evitar calentar nuestro invernadero en exceso.

Elena: ¡Esa comparación es muy buena, Manuel! ¿Puedo usarla en mi artículo sobre la temperatura y el efecto invernadero?

Manuel: Claro que sí. ¡Simplemente cuenta también que la encantadora esposa de tu amable editor tiene un fabuloso huerto en su patio trasero!

Elena: ¡Ja, ja, hecho!

> *Datos clave:*
>
> - *La temperatura mide lo caliente que está el aire de un lugar concreto.*
> - *El efecto invernadero ocurre cuando algunos gases, como el dióxido de carbono, atrapan el calor del sol en nuestra atmósfera y no dejan que el exceso de calor salga al espacio. Esto hace que la Tierra se sobrecaliente y que suban las temperaturas.*

Vocabulario

regresar to come back, to return
hervir to boil
fogón burner, cooker
invernadero greenhouse
huerto vegetable garden
evitar to avoid
mantenerse to keep oneself, to stay
atrapar to trap
encantador charming, lovely
patio trasero backyard, back garden
medir to measure
en concreto specifically

Bibliografía

EuropaPress. (3 de diciembre de 2019). La AEMET dice que en España la temperatura ha aumentado 1,7°C hasta 2019 y que desde 1970 cada década es más cálida. Sociedad. Recuperado el 7 de junio de 2020 de: https://www.europapress.es/sociedad/noticia-aemet-dice-espana-temperatura-aumentado-17c-2019-1970-cada-decada-mas-calida-20191203183729.html

Madrid destino cultura turismo y negocio. (s.f.). Palacio de Cristal. Recuperado el 17 de junio de 2020 de https://www.esmadrid.com/informacion-turistica/palacio-de-cristal.

—. (s.f.). [Palacio de Cristal] [Fotografía]. https://unsplash.com/photos/deHobw1fklU.

University Corporation for Atmospheric Research (UCAR). (2011). *The greenhouse effect*. https://scied.ucar.edu/longcontent/greenhouse-effect.

CAPÍTULO 7: ¿QUÉ ES MÁS CALIENTE QUE EL AIRE CALIENTE? ¡EL AIRE HÚMEDO!

Dos días después, Manuel, Elena y Pablo están de vuelta en la oficina. Todavía hace calor, pero el cielo está lleno de nubes oscuras. De repente, se pone a llover. Pablo mira por la ventana.

Pablo: ¡Gracias a Dios! A ver si la lluvia refresca un poco el ambiente.

Elena: ¡Uf, sería lo más! Así podríamos descansar un poco de la ola de calor.

Manuel: Ahora que está lloviendo, el aire no estará tan húmedo.

Elena: ¡Y mi cabello rizado no tendrá el doble de su tamaño cada mañana!

Pablo: ¡Yo creo que te da mucho glamour, Elena! En cambio, a mí me da mucho calor y me siento tan pegajoso con el aire húmedo que dejo toda la ropa empapada de sudor, y eso sí que no tiene nada de glamour.

Elena: ¡Ja, ja, qué razón tienes!

Manuel: Elena, eres nuestra experta en el clima, así que te quiero hacer una pregunta: ¿qué es exactamente la humedad? Yo siempre la imagino como la cantidad de vapor que hay en el aire.

Elena: ¡Correcto! La humedad es la cantidad de vapor de agua que hay en el aire. Esta es una buena comparación: si alguien nos echa agua por encima, la ropa se nos pega al cuerpo. Así funciona la humedad en el aire: el agua pone el aire más húmedo y pegajoso, ¡y a nosotros con él!

Pablo: Como experto en sudor, también puedo decirte que es más difícil estar fresco cuando hace mucha humedad.

Manuel: ¿Y por qué pasa eso, Pablo?

Pablo: Cuando sudamos, el aire caliente que nos rodea absorbe el sudor y nos hace sentir más frescos. Es como abrir la puerta del invernadero y dejar salir el aire caliente de adentro.

Manuel: Entonces, nuestro cuerpo es el invernadero, y abrimos la puerta cuando sudamos.

Pablo: Eso es. Pero cuando el aire de afuera del invernadero está más caliente que el de adentro, no podemos bajar la temperatura simplemente abriendo la puerta. O lo que es lo mismo: cuando el aire tiene tanta humedad como nuestro cuerpo, no nos podemos refrescar.

Elena: ¡Guau, estoy alucinando, Pablo! ¡Eres todo un experto en sudor!

Pablo: ¡Je, je, qué graciosa! Es por eso que mucha gente dice que prefiere el calor seco antes que el húmedo. Es como cuando visité la India para la boda de mi amigo, Raj, durante la época del monzón: ¡pensaba que me iba a derretir!

Elena: La temperatura del aire húmedo se mide buscando la temperatura del bulbo húmedo o temperatura húmeda. Para hacerlo, hay que colocar un trapo húmedo en la parte baja de un termómetro.

Manuel: Qué fácil, ¿no?

Elena: ¡Vaya que sí! Cuando la temperatura del bulbo húmedo alcanza los 32ºC, salir al exterior puede ser peligroso. Los científicos creen que esto puede ocurrir al menos entre 3 y 5 días cada verano en lugares como el norte de la India, América Central y Sudamérica.

Manuel: Entonces, ¿la gente puede morirse si sale a la calle?

Elena: Me temo que sí, es algo que puede suceder.

Pablo: De pronto, nuestra ola de calor ya no parece tan mala, ¿verdad?

Manuel: ¡Para nada, Pablo!

Datos clave:

- *La humedad es la cantidad de agua que hay en el aire.*
- *El aire húmedo es más peligroso que el seco, porque no podemos refrescarnos cuando sudamos.*
- *Debido al calentamiento global, algunos lugares en la Tierra se volverán demasiado calurosos para salir a la calle por el riesgo de sufrir una enfermedad o incluso la muerte.*

Vocabulario

de repente suddenly
refrescar to cool down
tamaño size, dimensions
pegajoso sticky
empapado soaked
sudor sweat
humedad dampness, humidity
temperatura de bulbo húmedo wet-bulb temperature
rodear to be around
alucinar to be impressed, to be amazed
monzón monsoon
derretir to melt
trapo cloth
riesgo risk
me temo que I'm afraid, unfortunately

Bibliografía

Chen, X., Li, N., Liu, J., Zhang, Z., y Liu, Y. (2019). Global heat
   wave hazard considering humidity effects during the 21st century.
   International journal of environmental research and public health, 16(9),
   1513. https://doi.org/10.3390/ijerph16091513

Krajick, K. (22 de diciembre de 2017). *Humidity may prove
   breaking point for some areas as temperatures rise, says study.*
   Columbia University Earth Institute. https://blogs.ei.columbia.
   edu/2017/12/22/humidity-may-prove-breaking-point-for-some-
   areas-as-temperatures-rise-says-study/.

National Geography Society (NGS). (s.f.). Humidity. In *National
   Geographic Resource Library*. Recuperado en 29 de marzo de 2020 de
   https://www.nationalgeographic.org/encyclopedia/koppen-climate-
   classification-system/

Newth, D. y Gunasekera, D. (2018). Projected changes in wet-bulb
   globe temperature under alternative climate scenarios. *Atmosphere,
   9*(5), 187. https://doi.org/10.3390/atmos9050187.

Science Buddies y Lohner, S. (14 de septiembre de 2017). *Chilling science: evaporative cooling with liquids*. Scientific American. https://www.scientificamerican.com/article/chilling-science-evaporative cooling-with-liquids/.

CAPÍTULO 8: QUE LLUEVA, QUE LLUEVA: LLUVIA, VIENTO Y NUBES

La conversación entre Elena, Manuel y Pablo continúa mientras llueve con mayor fuerza.

Pablo: Tenemos suerte porque aquí nunca hace tanto calor, ¡aunque para mi gusto tenemos demasiada lluvia!

Manuel: Ah, la lluvia. ¿Alguno de vosotros recuerda lo que nos enseñaron en el colegio sobre el ciclo del agua?

Elena y Pablo: ¡Por supuesto!

Elena: Sigue, Manuel. ¡Cuéntanos lo que sabes!

Manuel: ¡Vale! Vamos a ver... el aire absorbe el agua del océano como una aspiradora. Esa agua es la que crea las nubes.

Elena y Pablo: Ajá.

Manuel: A medida que el aire va absorbiendo agua, las nubes se hacen más grandes y pesadas. Cuando ya no pueden contener más agua, esta cae al suelo en forma de lluvia, que llena nuestros lagos, ríos y océanos. También entra en el suelo y mantiene la tierra húmeda. Y el ciclo se repite una y otra vez.

Pablo: ¡Guau, Manuel! Creo que podrías dar esa clase ahora mismo en un colegio de primaria.

Elena: Mi amiga, María, es maestra de primaria. ¡Avísame si alguna vez quieres cambiar de profesión y os pongo en contacto!

Manuel: ¡Ja, ja, qué graciosos que sois los dos!

Pablo: En el colegio, nos enseñaron más sobre el viento. Eso es porque vivíamos en la costa norte de Cataluña, y allí hace mucho viento.

Elena: ¿Y qué es el viento exactamente, Pablo?

Pablo: El viento se crea cuando el aire se mueve de lugares con alta presión a otros donde la presión es baja. Más o menos, como cuando dejas salir el aire de un neumático.

Manuel: O como cuando llego a casa y me tumbo en el sofá… ¡a menos que nuestro perro Inti se haya adueñado de la mitad de los cojines!

Elena: ¡Ja, ja! Me gusta esa idea: ¡al aire le gusta ocupar tanto lugar como a nosotros! ¿Los vientos en el norte de Cataluña siguen igual que cuando eras niño, Pablo?

Pablo: Pues no, la verdad. Los científicos piensan que las rachas de viento se han vuelto más intensas en los últimos años a causa del cambio climático, y también más frecuentes. El viento que sopla en esa zona se llama tramontana.

Manuel: ¡A ver si la famosa tramontana es tan intensa que llega hasta Madrid!

Pablo: ¡Imagínate!

Elena: Hablando de lluvia, un dato curioso: las nubes también sirven para refrescar y calentar nuestro planeta.

Manuel: ¡Eh! Eso es interesante.

Elena: Puede que tengamos más nubes que bloquean el calor del sol, pero las nubes también absorben el calor del sol, como un gas de efecto invernadero.

Pablo: Bueno, ¡esa sí fue toda una conversación sobre el clima y el tiempo! Y mirad, ha parado de llover. ¿Por qué no dejamos ya de trabajar y nos vamos al bar?

Elena y Manuel: ¡Claro que sí; me apunto!

Datos clave:

- *El ciclo del agua es el movimiento del agua de los océanos al suelo y viceversa, y forma las nubes y la lluvia.*

- *El viento se crea cuando el aire se mueve desde lugares de la atmósfera con alta presión (es decir, con mucho aire) a otros con baja presión (con menos aire).*

Vocabulario

para mi gusto for my taste, from my perspective
enseñar *here:* to teach
aspiradora vacuum cleaner
contener to contain, to hold
maestro teacher
poner en contacto to connect, to link
neumático tyre
tumbarse lie down
adueñarse de to take control
cojín cushion
ocupar to take space
racha *here:* gust

Tramontana the name of the North wind in Catalonia and other regions in Europe.
me apunto I'm all in for it

Bibliografía

Lemonick, M. (30 de agosto de 2010). *The effect of clouds on climate: A key mystery for researchers.* Yale Environment 360. https://e360.yale.edu/features/the_effect_of_clouds_on_climate_a_key_mystery_for_researchers.

NASA. (s.f.). *How do clouds affect Earth's climate?* Climate Kids. https://climatekids.nasa.gov/cloud-climate/.

NASA. (s.f.) *The Water Cycle.* Precipitation Education. https://pmm.nasa.gov/education/water-cycle.

Vilà. C. (1 de agosto de 2007). El canvi climàtic ha provocat l'increment de la tramuntana i grans canvis als estius. Recuperado el 10 de junio de 2020 de: https://www.diaridegirona.cat/comarques/2769/canvi-climatic-ha-provocat-lincrement-tramuntana-grans-canvis-als-estius/212350.html

Weiss, C. (18 de julio de 2005). *Where does wind come from?* Scientific American. https://www.scientificamerican.com/article/where-does-wind-come-from/.

TERCERA PARTE: EL REINO ANIMAL Y EL CAMBIO CLIMÁTICO

Una semana más tarde, María está en su clase de tercero de primaria. Son las 9:30 de la mañana. Está de pie frente a una jaula para mascotas con dos de sus alumnos: Emma, de 7 años, y Omar, de 8. El hámster de la clase, Copito, vive en la jaula.

CAPÍTULO 9: ¿CÓMO AFECTA EL CAMBIO CLIMÁTICO A LOS ANIMALES?

Omar: ¡Seño! No encuentro a Copito. No está ni en su rueda, ni comiendo.

María: Seguro que está en su castillito de plástico. Se habrá metido allí para estar fresquito, porque hoy hace mucho calor.

Emma: ¡Quiero que salga a jugar con nosotros!

María: ¡Lo sé, Emma! Pero está haciendo lo que se tiene que hacer. ¡Cuando hace calor, todos deberíamos estar a la sombra!

Omar: ¿Qué pasa si hace demasiado calor? ¿Copito se pone enfermo?

María: No, no te preocupes, Omar. Copito no se va a poner enfermo aquí en la escuela.

Emma: Pero, ¿y qué pasa con los animales que no tienen castillos de plástico, como los leones y los osos del zoo? ¿Están bien cuando hace calor afuera?

María: Sí, Emma, están bien. Los cuidadores del zoo les han preparado lugares a la sombra para cuando hace demasiado calor. También les ponen mucha agua para beber, y a veces, incluso los bañan con agua fría.

Emma: ¡Ah, vale! Yo también baño a mi perrito de vez en cuando.

María: ¡Exactamente!

Omar: ¡Qué bien! ¿Y qué pasa con los animales que no viven en el zoo?

María: Buena pregunta, Omar. La verdad es que muchos animales lo pasan mal con el calor. Casi la mitad de todos los mamíferos, que son animales que tienen piel y pelo como nosotros, sufren por culpa del cambio climático.

Omar: ¡Oh, no!

María: Sin un castillo en su jaula, Copito tendría demasiado calor. O, si no llenamos su plato de agua, no podría beber. Los animales en la naturaleza no tienen a nadie que cuide de ellos, así que puede que no sepan qué hacer si hace calor.

Omar: ¿Puedes contarnos más cosas de los animales salvajes, seño?

María: ¡Claro que sí, Omar!

Datos clave:

- *El cambio climático hace que los animales tengan problemas en sus espacios naturales. Normalmente esto se debe a que sus hogares se vuelven demasiado calurosos o demasiado secos.*

Vocabulario

seño miss (the way school children call their female teachers in Spain)
cuidador keeper
bañar to bathe
sufrir to suffer, to endure
mamífero mammal

Bibliografía

Hance, J. (5 de abril de 2017). Climate change impacting 'most' species on Earth, even down to their genomes. *The Guardian*. https://www.theguardian.com/environment/radical-conservation/2017/apr/05/climate-change-life-wildlife-animals-biodiversity-ecosystems-genetics

Pacifici, M., Visconti, P., Butchart, S. H. M., Watson, J. E. M., Cassola F. M., y Rondini, C. (2017). Species' traits influenced their response to recent climate change. *Nature Climate Change, 7*,205–208. https://doi.org/10.1038/nclimate3223.

Scheffers, B. R., De Meester, L., Bridge, T. C. L., Hoffman, A. A., Pandolfi, J. M., Corlett, R. T., Butchart, S. H. M., Pearce-Kelly, P., Kovacs, K. M., Dugeon, D., Pacifici, M. Rondinini, C., Foden, W. B., Martin, T. G., Mora, C., Bickford, D., Watson, J. E. M. (2016). The broad footprint of climate change from genes to biomes to people. *Science, 354* (6313), aaf7671. https://doi.org/10.1126/science.aaf7671.

CAPÍTULO 10: EN LA SELVA, TAN IMPONENTE: LOS BOSQUES LLUVIOSOS TROPICALES

Son las 9:40 de la mañana. María recoge algunos libros de su escritorio y se los lleva a Emma y Omar. Los tres ponen los pupitres en círculo y se sientan juntos. María coge el primer libro de la pila y lo abre para mostrárselo a Emma y Omar.

María: Vamos a comenzar con las selvas tropicales. ¿Sabíais que alrededor de la mitad de todos los animales y plantas del mundo viven en la selva?

Emma y Omar: ¡Guau!

Omar: ¿Como los tigres?

Emma: ¿Y los monos?

María: ¡Sí! Y las aves y los insectos, también.

Emma: ¿Qué es una selva, seño? ¿Es un bosque donde llueve mucho?

María: ¡Así es, Emma! En los bosques llueve un montón, ya que los árboles necesitan agua para crecer. Sin embargo, en las selvas cae la mayor cantidad de lluvia: ¡más de 1.800 mm cada año!

Omar: ¡Guau! Eso es mucha más lluvia de la que cae en nuestros bosques de por aquí.

María: Exacto, Omar. Las selvas son más cálidas y húmedas que los bosques que tenemos en España. Esto se debe a que se encuentran en lugares más calurosos, como América Central y del Sur, África Central y el Sudeste Asiático. ¡Aquí podéis mirar un mapa de todas las selvas del mundo!

Image created by Jeffie Jasmine for Olly Richards Publishing, data from Encyclopaedia Britannica.

Emma: ¡Aquí en Toledo no hay selvas! Pero seño, ¿qué significa el color naranja? ¿Qué es un...'área deforestada'?

María: Trata de analizar la palabra, Emma. ¡Creo que puedes descifrarlo!

Emma: Bueno, sé lo que es un "área forestal": es un bosque.

María: ¡Exacto! ¿Y la primera parte de la palabra, el 'de-'...?

Emma: Bueno... el veterinario acaba de sacarle a nuestra gata las uñas de las patas de adelante. Mamá dijo que el veterinario 'desuñó' a Mostaza. Entonces, ¿un área "deforestada" es un lugar donde eliminan el bosque?

María: ¡Perfecto, Emma! Así es.

Omar: Pero seño, ¿por qué quieren eliminar las selvas?

María: A veces, Omar, las cosas suceden de manera natural, como cuando hay incendios o inundaciones. Los humanos también talan los árboles de las selvas.

Omar: ¿Por qué?

María: ¡Por muchas razones! Por ejemplo, para hacer espacio para la agricultura, para obtener madera y poder calentar sus casas, o para usar lo que producen los árboles, como aceites.

Omar: ¿Qué pasa con los animales cuando hacemos eso?

María: Pueden perder sus hogares o no tener suficiente comida.

Emma y Omar: ¡Oh, no!

María: Pero la pérdida de nuestras selvas tropicales nos perjudica a todos.

Emma y Omar: ¿Por qué?

María: ¿Recordáis que la semana pasada hablábamos de un gas llamado dióxido de carbono?

Omar: ¡Yo sí! El dióxido de carbono es un gas que no deja regresar el calor del sol al espacio.

María: ¡Exacto! El dióxido de carbono mantiene la Tierra caliente y de esta manera, podemos vivir en ella. Sin embargo, si hay demasiado, empieza a hacer demasiado calor en la Tierra.

Omar: Pero, ¿qué hacen los árboles en todo esto?

María: Los árboles sacan dióxido de carbono del aire y lo almacenan en sus troncos y hojas. Cuando cortamos los árboles, el dióxido de carbono que hay en su interior se libera y vuelve al aire.

Emma: ¡Así que incluso los lugares que no tienen árboles necesitan árboles!

María: ¡Así es, Emma! Lugares como los desiertos. ¿Por qué no buscamos los animales del desierto?

Emma y Omar: ¡Vale!

Datos clave:

- *Nuestras selvas tropicales son el hogar de casi la mitad de todos los animales y plantas del planeta y nos protegen del calentamiento global.*

- *Los animales y plantas de la selva pierden sus hogares y fuentes de alimento cuando talamos los árboles.*

- *Destruir las selvas también aumenta el calentamiento global.*

Vocabulario

pupitre desk (for school children)
un montón a lot, lots of
pila *here:* pile
ave bird
tratar de try to do something
descifrar decipher, interpret
desuñar to remove an animal's nails
inundación flood
talar to cut down (normally refers to trees)
perjudicar to harm, to damage
incluso even

Bibliografía

Bradford, A. (28 de julio de 2018). *Facts about rainforests*. Live Science. https://www.livescience.com/63196-rainforest-facts.html.

Editors of the Encyclopaedia Britannica. (s.f.). Rainforest. En *Encyclopaedia Britannica*. Recuperado del 5 de abril de 2020 de https://www.britannica.com/science/rainforest.

—. Tropical forests and deforestation in the early 21st century. [Infográfico.] En *Encyclopaedia Britannica*. Recuperado el 5 de abril de 2020 de https://www.britannica.com/science/rainforest#/media/1/939108/19260.

Scheer, R. y Moss, D. (13 de noviembre de 2012). *Deforestation and its extreme effect on global warming*. Scientific American. https://www.scientificamerican.com/article/deforestation-and-global-warming/.

Sen Nag, O. (16 de diciembre de 2019). *What Animals Live In The Tropical Rainforest*. World Atlas. https://www.worldatlas.com/articles/tropical-rainforest-animals.html.

University College London. (5 de diciembre de 2005). *Why The Amazon Rainforest Is So Rich In Species*. ScienceDaily. www.sciencedaily.com/releases/2005/12/051205163236.htm.

World Wildlife Federation (WWF). (17 de enero de 2020). *8 things to know about palm oil*. https://www.wwf.org.uk/updates/8-things-know-about-palm-oil.

Yale School of Forestry and Environmental Studies. (s.f.). *Climate change and tropical forests*. Global Forest Atlas. https://globalforestatlas.yale.edu/climate-change/climate-change-and-tropical-forests.

CAPÍTULO 11: SECO COMO UN DESIERTO

María abre otro libro que habla de los desiertos. Ahora son las 9:45 de la mañana.

María: Aquí hay un mapa con todos los desiertos del mundo:

Image created by Jeffie Jasmine for Olly Richards Publishing, data from LEO EnviroSci Inquiry.

Emma y Omar: ¡Genial!

Omar: ¿Veis ese gran desierto con el número 5, en la parte de arriba de África? ¡Ese es el Sáhara! Mi mamá y mi papá vivían allí, en Mali, antes de llegar aquí. Todavía tengo mucha familia allí.

Emma: ¡Guau! Es un desierto enorme.

María: Es el desierto más grande del mundo, Emma. ¡Tiene casi 5.000 km de largo!

Emma y Omar: ¡Guau!

Emma: ¿Tus padres han visto camellos en el desierto, Omar?

Omar: ¡Sí! Mis padres iban a todas partes en camello. También hay otros animales que viven en el desierto, como pájaros, insectos, tortugas y lagartos.

María: ¿Recordáis lo que aprendimos la semana pasada sobre las tortugas y los lagartos? Son animales de sangre fría. ¿Recordáis lo que quiere decir?

Omar: ¡Yo sí! Los animales de sangre fría están tan calientes o fríos como el aire del lugar donde viven. No pueden calentar sus cuerpos como nosotros lo hacemos.

María: ¡Muy bien! Si en el desierto donde viven hace mucho calor o mucho frío, los animales también cogen la misma temperatura.

Emma: ¿Animales como Paquito?

María: ¿Quién es Paquito, Emma?

Omar: Paquito es la tortuga que vive en la clase del profe Daniel, nuestro profe del año pasado.

María: ¡Ah, vale! Bueno, las tortugas viven normalmente en lugares húmedos. Sin embargo, las más grandes, las tortugas terrestres, viven en el desierto. ¡Como veis, pueden pasar mucho calor!

Omar: ¡Pero en los desiertos hace mucho calor! ¿No les gusta?

María: Por lo general, sí que les gusta, pero un cambio de solo 1 o 2ºC puede suponer mucha diferencia para ellas, porque puede hacer que haga más calor o que llueva menos. El agua ya es difícil de encontrar en los desiertos. Si hace un poco más de calor, encontrar agua puede ser todavía más complicado.

Omar: Y todos los animales necesitan agua para vivir, ¿verdad, seño?

María: ¡Correcto! Todos los seres vivos necesitan agua para vivir.

Emma: ¡Qué bueno que Paquito vive con el profe Daniel y no en el desierto! Nosotros llenábamos su plato del agua todos los días. ¡Siempre tenía mucha agua para beber!

María: ¡Me alegro de escuchar eso, Emma!

Datos clave:

- *El cambio climático está haciendo que en los desiertos haga más calor y llueva todavía menos. Estos cambios dificultan la vida de los animales que viven allí.*

Vocabulario

tortuga turtle
lagarto lizard
profe teacher (the way school children refer to a male teacher in Spain)
suponer *here:* to mean, to entail, to suppose
complicado difficult

Bibliografía

Gritzner, J. A. y Peel, R. F. (26 de noviembre de 2019). Sahara. En *Encyclopaedia Britannica*. https://www.britannica.com/place/Sahara-desert-Africa.

Infrared Processing and Analysis Center (IPAC). *Warm and Cold-Blooded*. http://coolcosmos.ipac.caltech.edu/image_galleries/ir_zoo/coldwarm.html.

Lovich, J. E., Yackulic, C. B., Freilich, J., Agha, M., Austin, M., Meyer, K. P., Arundel, T. R., Hansen, J., Vamstad, M. S., y Root, S. A. (2014). Climatic variation and tortoise survival: Has a desert species met its match? *Biological Conservation*, *169*, 214-24. https://doi.org/10.1016/j.biocon.2013.09.027.

McDermott, A. (23 de mayo de 2016). *Climate change may be as hard on lizards as on polar bears*. The Atlantic. https://www.theatlantic.com/science/archive/2016/05/climate-change-deserts/483896/.

Scholastic, Inc. (s.f.). [Mapa de los desiertos del mundo]. Recuperado el 8 de abril de 2020 de https://ei.lehigh.edu/envirosci/weather/bitsofbiomes/deserts.htm.

Vale, C. G. y Brito, J. C. (2015). Desert-adapted species are vulnerable to climate change: Insights from the warmest region on Earth. *Global Ecology and Conservation*, *4*, 369-79. https://doi.org/10.1016/j.gecco.2015.07.012.

CAPÍTULO 12: COMO PEZ EN EL AGUA: EL CAMBIO CLIMÁTICO Y NUESTROS OCÉANOS

Omar toma el siguiente libro de la pila y mira las fotos. Son las 9:50 de la mañana.

María: Omar, ¿nos puedes leer el título de ese libro en voz alta a Emma y a mí?

Omar: Dice… *Todos mojados: los animales del océano.* ¡Ja ja, qué título tan divertido!

María: ¡Ja, ja, es verdad, Omar! Pero es un buen tema. Acabamos de hablar sobre los lugares más secos de la Tierra. Ahora vamos a hablar de los lugares más húmedos.

Emma: ¡Mi papá sale al mar todos los días! Es pescador y vive en Galicia durante la temporada de pesca. Pesca bacalao para venderlo en el pueblo.

Omar: ¡Mmmmmm! Me encantan los buñuelos de bacalao.

Emma: ¡A mí también! Pero anoche, papá le dijo a mamá que este año ya no pesca tanto como antes. Dice que es por el clima, porque hace más calor que antes.

María: ¡Por desgracia, tu papá tiene razón, Emma! El bacalao y otros peces grandes son peces de agua fría, así que parece ser que este año, el agua está más caliente que antes.

Omar: Seño, ¿cómo se calientan los océanos?

María: Por el dióxido de carbono.

Omar: ¿Desde el aire?

María: ¡Sí! Los océanos absorben dióxido de carbono del aire. ¡En los últimos 200 años, los océanos han absorbido casi 530 millones de toneladas de dióxido de carbono!

Emma y Omar: ¡Guau!

María: El dióxido de carbono del océano atrapa el calor igual que lo hace en el aire.

Emma: ¿Y el dióxido de carbono le hace algo más al océano?

María: ¡Sí! Lo vuelve más ácido. Es como si alguien le echara vinagre al agua antes de beberla.

Emma y Omar: ¡Puaj!

Omar: ¿Y qué les pasa a los peces cuando el agua se vuelve como el vinagre, seño?

María: Pues que el ácido se come los huesos y las conchas, de la misma manera que demasiado jugo de limón o vinagre puede dañar nuestros dientes. Así, hay animales como las ostras y las almejas que pierden las conchas en las que viven. Además, algunos peces pierden sentidos importantes cuando el agua tiene demasiado ácido. Por ejemplo, el pez payaso puede tener dificultades para regresar a casa si se va lejos, y eso lo pone en peligro. ¿Os acordáis de la película *Buscando a Nemo*? Nemo es un pez payaso.

Emma: ¡En esa película, Nemo se pierde y su padre tiene que encontrarlo!

María: ¡Así es, Emma! Nemo se pierde cuando un humano lo saca del océano, pero otros peces payaso se pierden porque en el océano hace demasiado calor.

Emma: ¡Pobre Nemo!

Datos clave:

- *Los océanos absorben dióxido de carbono, lo que calienta el agua y la pone más ácida.*
- *Los peces pueden perder su capacidad para sentir el peligro y encontrar su hogar, mientras que las conchas, que son el hogar de animales como las ostras y las almejas, pueden volverse frágiles y dañar a los animales.*

Vocabulario

en voz alta aloud
temporada season
por desgracia unfortunately
concha shell
ostra oyster
almeja clam
capacidad ability

Bibliografía

Fischetti, M. (27 de septiembre de 2012). *Ocean acidification can mess with a fish's mind*. Scientific American. https://www.scientificamerican.com/article/ocean-acidification-can-m/.

Faro de Vigo. (26 de febrero de 2020). *Los hábitats de especies como el bacalao podrían desplazarse hasta 1.000 km al norte.* https://www.farodevigo.es/mar/2020/02/26/habitats-especies-bacalao-desplazarse-1000/2253395.html.

NOAA. (s.f.). *Ocean acidification.* https://www.noaa.gov/education/resource-collections/ocean-coasts-education-resources/ocean-acidification.

The Ocean Portal Team. (s.f.). *Ocean acidification.* The Smithsonian. https://ocean.si.edu/ocean-life/invertebrates/ocean-acidification.

Yong, E. (2 de febrero de 2009). *Losing Nemo: acid oceans prevent baby clownfish from finding home.* National Geographic. https://www.nationalgeographic.com/science/phenomena/2009/02/02/losing-nemo-acid-oceans-prevent-baby-clownfish-from-finding-home/.

CAPÍTULO 13: TODOS ESTAMOS CONECTADOS: LA CADENA ALIMENTICIA

María pasa las páginas del libro Todos mojados: los animales del océano. Está buscando una imagen.

María: Son las diez menos cinco de la mañana. ¡Quedan cinco minutos antes de pasar a otra cosa! Hay otra cosa de la que me gustaría hablar antes de empezar.

Emma: ¡Conozco ese dibujo! El profe Daniel nos lo enseñó el año pasado. Estábamos dando la cadena alimenticia en clase.

Omar: ¡Yo también me acuerdo! La cadena alimenticia es cómo los animales y las plantas se comen unos a otros. ¡Se llama *cadena* alimenticia porque cada animal o planta es una parte y todas están conectadas!

María: ¡Así es, Omar! Esta es la imagen de una cadena alimenticia de nuestros océanos.

Emma: ¿Qué son esas cosas pequeñas y feas?

María: ¡Ja, ja, sí que tienen un aspecto raro! Son animales pequeños, como bacterias. Nosotros no podemos verlas, pero hay muchas en el agua.

Emma: Entonces, ¿son algo así como los copos de pescado que usamos para darle de comer a los peces del acuario de secretaría?

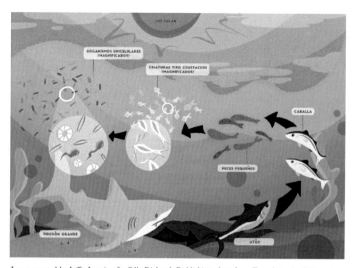

Image created by Jeffie Jasmine for Olly Richards Publishing, data from Encyclopaedia Britannica.

María: Sí, algo así.

Omar: Creía que los humanos estábamos en lo alto de la cadena alimenticia.

María: De todas las cadenas alimenticias de la Tierra, sí. Pero en nuestro planeta hay cadenas alimenticias mucho más pequeñas. ¿Qué pasa en las llanuras de África? ¿Qué animal está en la parte más alta de esa cadena alimenticia?

Omar: ¡El león!

María: ¡Eso es!

Emma: Seño, ¿es cierto que la cadena puede romperse?

María: Sí, Emma, claro que puede. Si se quita una planta o un animal, la cadena alimenticia se rompe.

Emma: ¿Y por qué, seño?

María: Muy buena pregunta, Emma. Vamos a usar la imagen para averiguarlo. ¿Ves la caballa de aquí? ¿Qué pasaría si los pescadores se llevasen todas las caballas?

Emma: Pues que el atún no tendría nada que comer y se moriría, o se mudaría a otro lugar.

Omar: ¡Pero entonces, los tiburones no tendrían nada que comer!

María: Bien visto, los dos.

Omar: ¡Ya suena la campana!

María: ¡Hora de matemáticas! Emma, Omar, no os olvidéis de darle de comer a Copito. ¡Y gracias por la conversación sobre los animales y el cambio climático!

Emma y Omar: ¡De nada, seño!

Datos clave:

- *Cuando los animales o las plantas mueren o emigran debido al cambio climático, los animales más grandes se quedan sin sus alimentos principales.*

- *A causa de ello, la población de los animales más grandes se reduce o desaparece por completo.*

Vocabulario

dar *here:* to study or learn in class
aspecto appearance

raro strange, bizarre
copo flake
llanura flatland
secretaría *here:* administration office (in a school)
caballa mackerel
atún tuna
mudarse to move
emigrar migrate

Bibliografía

Cardinale, B. J., Duffy, J. E., Gonzalez, A., Hooper D. U., Perrings, C., Venail, P., Narwani, Al, Mace, G. M., Tilman, D. Wardle, D. A., Kinzig, A. P., Daily, G. C., Loreau, M., Grace, J. B., Larigauderie, A., Srivastava, D. S., y Naeem, S. (2012). Biodiversity loss and its impact on humanity. *Nature*, *486*, 59–67. https://doi.org/10.1038/nature11148.

Encyclopaedia Britannica. (s.f.). *Diatoms and other phytoplankton form the foundations of ocean food chains. Shrimplike krill consume the phytoplankton, and small fishes eat the krill. At the top of the food chain, dining on these smaller fishes, are larger, predatory fishes.* [Infográfico]. En *Encyclopaedia Britannica.* Recuperado el 11 de abril de 2020 de https://www.britannica.com/science/food-chain.

Encyclopaedia Britannica. (s.f.). Food chain. En *Encyclopaedia Britannica.* Recuperado el 11 de abril de 2020 de https://www.britannica.com/science/food-chain.

Shaw, A. (s.f.). *The lion king and other myths.* BBC Earth. https://www.bbcearth.com/blog/%3Farticle%3Dking-of-the-jungle-and-other-lion-myths/.

CAPÍTULO 14: ¿QUÉ PODEMOS HACER PARA AYUDAR?

El día de colegio ha terminado. María se está preparando para volver a casa, y Emma y Omar se acercan a su mesa.

Omar: Seño, ¿podemos preguntarte algo?

María: ¡Por supuesto, Omar! Siempre puedes preguntarme lo que quieras.

Omar: Emma y yo hemos estado pensando en lo que hemos hablado esta mañana.

Emma: Sobre todos los animales de la selva y del océano.

Omar: ¡Y del desierto!

Emma: Eso, y del desierto. Seño, ¡estamos preocupados por todos los animales! ¿Cómo podemos evitar hacerles daño o matar a los animales?

María: ¡Qué buena pregunta! Durante la hora del recreo, he investigado un poco en Internet. Hay muchas maneras de ayudar a los animales.

Omar y Emma: ¿¡Cuáles!?

María: Lo más importante es proteger las zonas donde viven. ¿Recuerdas lo que hemos aprendido sobre las selvas esta mañana, Emma?

Emma: ¡Sí! La gente está talando muchas partes de la selva.

María: ¡Buena memoria, Emma! Algunas personas talan árboles en la selva, pero otras trabajan para conservarlos. Hay organizaciones como Rainforest Alliance y Rainforest Trust que enseñan a los agricultores cómo cultivar alimentos sin deforestar la selva.

Emma: ¡Guau!

Omar: Pero ¿cómo podemos ayudarles, seño? No podemos ir a la selva, ¿verdad?

María: ¡No, no podemos, Omar! Aunque eso estaría bien. Sin embargo, sí que podemos donar dinero a estas organizaciones para que puedan seguir haciendo su trabajo.

Emma y Omar: ¡Podríamos hacer una venta de pasteles!

María: ¡Por ejemplo, qué buena idea!

Omar: ¿Y qué pasa con los animales del desierto? ¿Y los peces del océano?

María: ¡No te preocupes, que no me he olvidado de ellos! El Fondo Mundial para la Naturaleza protege a los animales de todo el mundo. También, igual tu papá puede venir a clase, Emma. Podría contarnos más sobre cómo podemos proteger el océano y los peces que viven en ellos.

Emma: ¡Cómo mola! Esta noche en la cena, le preguntaré si puede venir.

Omar: Y hablando de cena, creo que estoy oyendo el autobús del cole. Tengo otra idea para proteger a los animales: ¡le diré a mi madre que prepare la pasta de la comida solo con salsa de tomate! ¡Sin carne!

Emma: ¡Yo también!

María: ¡Qué buena idea! ¡Nos vemos mañana, chicos!

Emma y Omar: ¡Adiós, seño! ¡Adiós, Copito!

Datos clave:

- *Podemos proteger a los animales de los efectos del cambio climático recaudando dinero para organizaciones que protegen los lugares donde viven.*

- *También podemos comer carne y pescado con menos frecuencia y prestar atención al lugar de donde vienen estos productos.*

Vocabulario

hacer daño to harm
investigar to do research, to investigate
recreo school break
cultivar to grow plants
deforestar deforest
donar to give (money)
cena dinner
comida *here:* lunch
recaudar to raise money
prestar atención to pay attention

Bibliografía

Benson, M. H. (septiembre de 2011). 5 simple things you can do for the ocean. Smithsonian Ocean. https://ocean.si.edu/conservation/climate-change/5-simple-things-you-can-do-ocean.

Marine Conservation Society. (s.f.). Good fish guide: your guide to sustainable seafood. https://www.mcsuk.org/goodfishguide/search.

Rainforest Alliance. (s.f.). https://www.rainforest-alliance.org.

Rainforest Trust. (s.f.). https://www.rainforesttrust.org.

World Wildlife Fund (WWF). (s.f.). Habitats: deserts. https://www.worldwildlife.org/habitats/deserts.

CUARTA PARTE: ALIMENTOS

David está trabajando en su consulta médica del ambulatorio. Tiene una cita con Julia y Yoko, dos de sus pacientes, que son pareja.

CAPÍTULO 15: SOMOS LO QUE COMEMOS

David: ¡Buenos días, chicas! Me alegro de veros.

Julia y Yoko: ¡Buenos días, doctor!

David: Voy a empezar con la presión arterial. Veo que mi enfermera ya os la ha tomado. Yoko, la tuya es perfecta: ¡100/70!

Yoko: ¡Qué bien!

David: En cambio, Julia, la tuya es un poco alta, 140/90.

Yoko: ¡Es por toda esa carne roja que comes, cariño!

Julia: ¡Lo sé, lo sé!

David: ¿Con qué frecuencia comes carne roja, Julia?

Julia: Unas 3 o 4 veces a la semana. ¡Sé que no debería hacerlo, pero es que me encanta el bistec!

Yoko: ¡Pero es muy caro! Y tampoco es bueno para la salud. ¡Dígaselo, Dr. Pizarro, que a mí no me hace caso!

David: Yoko, ¿tú comes menos carne roja que Julia?

Yoko: Sí, mucho menos. Soy japonesa, y comemos mucho más arroz, pescado y verduras que carne roja. ¡Pero los españoles comen mucha más carne!

David: ¡Eso es verdad, Yoko! Julia, creo que deberías cambiar tu dieta. Demasiada carne roja puede causar enfermedades del corazón. A Yoko y a mí nos gustaría verte sana durante mucho tiempo.

Julia: Lo sé; tienes razón, pero es difícil. ¡El bistec está tan rico!

David: Podrías cambiar solo una comida: comer pollo o pescado en lugar de un bistec una noche, por ejemplo.

Yoko: Por supuesto que puede. ¿A que sí, cariño?

Julia: Está bien… Lo haré esta noche después de nuestra reunión. Para cenar, pediré merluza a la plancha en el bar, en lugar de bistec.

David: ¡Muy buena idea! ¿Qué reunión?

Julia: La reunión de mi asociación ecologista. Vamos a las escuelas y hablamos con los alumnos sobre cómo podemos proteger el planeta.

David: ¡Oh! Estos días estoy aprendiendo mucho sobre el cambio climático. ¿Sabías que criar vacas produce muchos más gases de efecto invernadero que cultivar verduras?

Julia: ¡Oh, Dios mío! ¡No tenía ni idea de que era tan malo! ¡Definitivamente, esta noche voy a pedir merluza para cenar!

Yoko: Doctor, dicen que a un hombre se lo conquista a través del estómago, ¿no? ¡Pues a Julia se la conquista a través del medio ambiente!

David y Julia: ¡Ja, ja!

Vocabulario

presión arterial blood pressure
bistec (beef) steak
reunión meeting
merluza hake
asociación group, organization
criar *here:* to raise
conquistar to win someone over
afectar to be harmful, to affect

Bibliografía

Orlich, M. J., Singh, P. N., Sabaté, J., Jaceldo-Siegl, K., Fan, J., Knutsen, S., Beeson, W. L., y Fraser, G. E. (2013). Vegetarian dietary patterns and mortality in Adventist health study 2. *JAMA Internal Medicine,173*(13), 1230-38. https://doi.org/10.1001/jamainternmed.2013.6473.

Smith, C. (15 de noviembre de 2014). *New research says plant-based diet best for planet and people.* Our World. https://ourworld.unu.edu/en/new-research-says-plant-based-diet-best-for-planet-and-people.

Tilman, D. y Clark, M. (2014.) Global diets link environmental sustainability and human health. *Nature, 515,* 518-22. https://doi.org/10.1038/nature13959.

Waite, R., Searchinger, T., y Raganathan, J. (8 de abril de 2019). *6 pressing questionsabout beef and climate change, answered.* World Resources Institute. https://www.wri.org/blog/2019/04/6-pressing-questions-about-beef-and-climate-change-answered.

CAPÍTULO 16: ¿QUÉ MÁS PODEMOS COMER SI NO COMEMOS CARNE?

Julia tiene algunas preguntas más para David sobre cómo comer mejor, por ella y por el planeta.

Julia: Dr. Pizarro, ya que estamos hablando de nutrición, la comida se divide en carbohidratos, grasas y proteínas, ¿verdad?

David: Correcto.

Julia: Los carbohidratos son azúcares, y la fruta y la verdura están llenas de carbohidratos.

David: Así es.

Yoko: Los frutos secos y el pescado graso, como el salmón, contienen grasas saludables. ¿Cierto, doctor?

David: ¡Exacto!

Julia: En cambio, la proteína proviene sobre todo de la carne.

David: En realidad, puedes obtener proteínas de muchos alimentos.

Julia: ¿En serio?

David: ¡Por supuesto! Un alimento con mucha proteína es la soja. ¡Media taza de soja tiene 9 gramos de proteína!

Julia: ¿La soja no es mala para el medio ambiente? Yo he me he pasado de la leche de soja a la de almendras por eso.

David: En realidad, los científicos han descubierto que la leche de soja es mucho mejor para el planeta que la de vaca, almendras, arroz o coco.

Julia: ¡Guau! ¡Eso es un alivio! ¿Y la soja es buena para la salud? He leído que puede estar relacionada con el cáncer de mama.

David: Solo si te comes toneladas de tofu. Te sugiero que cocines con tofu natural o comas soja como picoteo de vez en cuando. Los productos de "carne" de soja y la leche de soja le roban mucho terreno a los bosques y consumen mucha agua, por lo que no son la mejor opción para el medio ambiente.

Yoko: ¿De verdad? ¡No lo sabía! En Japón, nos encanta comer soja como tentempié.

David: Las claras de huevo y las habichuelas también tienen mucha proteína, y lo mismo ocurre con el pollo. ¡A decir verdad, tiene más proteínas por gramo que la carne de ternera!

Yoko: ¡Pues entonces no te hace falta comer carne roja para conseguir toda la proteína que necesitas, Julia!

Julia: ¡Es bueno saberlo! ¡Gracias, Dr. Pizarro!

David: ¡De nada, Julia! Mi trabajo es ayudaros a tomar buenas decisiones para vuestra salud.

Julia: ¡Y además, también son opciones sanas para el medio ambiente!

David: ¡Efectivamente! Puedes sentirte bien haciendo el bien al planeta. Aquí tienes una imagen útil de lo que debe contener tu plato en cada comida. ¡Échale un vistazo!

Image created by Jeffie Jasmine for Olly Richards Publishing, data from The EAT-Lancet Commission.

Yoko: ¡Guau! Entonces, ¿la mitad del plato debe contener frutas y verduras?

Julia: Y solo una pequeña cantidad debería ser proteína animal. ¡Hasta han puesto proteína vegetal!

David: ¡Qué observadora, Julia!

Vocabulario

grasa fat
fruto seco nut
saludable healthy
provenir to come from
pasarse a to adopt something, to change something for another thing
almendra almond
descubrir to discover
cáncer de mama breast cancer
picoteo snack
tentempié snack
terreno land
clara de huevo egg white
a decir verdad to be honest

Bibliografía

Cleveland Clinic. (19 de noviembre de 2019). *8 high-protein foods to reach for (dietician approved)*. https://health.clevelandclinic.org/8-high-protein-foods-to-reach-for-dietitian-approved/.

EAT-*Lancet* Commission. (s.f.). *A planetary health plate should consist by volume of approximately half a plate of vegetables and fruits; the other half, displayed by contribution to calories, should consist of primarily whole grains, plant protein sources, unsaturated plant oils, and (optionally) modest amounts of animal sources of protein* [Infográfico]. En *Food planet health: healthy diets from sustainable food systems. Summary report of the EAT-Lancet Commission*. https://eatforum.org/content/uploads/2019/07/EAT-Lancet_Commission_Summary_Report.pdf.

Kim, T.-K., Yong, H. I., Kim, Y. B., Kim, H.-W., y Choi, Y.-S. (2019). Edible insects as a protein source: a review of public perception, processing technology, and research trends. *Food Science of Animal Resources*, *39*(4), 521-40. https://doi.org/10.5851/kosfa.2019.e53

Mayo Clinic. (1 de febrero de 2019). *Dietary fats: know which type to choose*. https://www.mayoclinic.org/healthy-lifestyle/nutrition-and-healthy-eating/in-depth/fat/art-20045550.

McGivney, A. (20 de enero de 2020). Almonds are out. Dairy is a disaster. So what milk should we drink? *The Guardian*.https://www.theguardian.com/environment/2020/jan/28/what-plant-milk-should-i-drink-almond-killing-bees-aoe.

Pendick, D. (18 de junio de 2015). *How much protein do you need every day?* Harvard Health Blog. https://www.health.harvard.edu/blog/how-much-protein-do-you-need-every-day-201506188096.

Poore, J. y Nemecek, T. (2018). Reducing food's environmental impacts through producers and consumers. *Science*, *360*(6392), 987-92. https://doi.org/10.1126/science.aaq0216.

Union of Concerned Scientists. (9 de octubre de 2015). *Soybeans*. https://www.ucsusa.org/resources/soybeans.

Wells, J. y Al-Ali, F. (14 de febrero de 2020). *How entrepreneurs are persuading Americans to eat bug protein*. CNBC. https://www.cnbc.com/2020/02/14/bug-protein-how-entrepreneurs-are-persuading-americans-to-eat-insects.html.

Zeratsky, K. (8 de abril de 2020). *Will eating soy increase my risk of breast cancer?* The Mayo Clinic. https://www.mayoclinic.org/healthy-lifestyle/nutrition-and-healthy-eating/expert-answers/soy-breast-cancer-risk/faq-20120377.

CAPÍTULO 17: VEGETARIANOS, VEGANOS Y FLEXITARIANOS: ¡UNA DIETA A GUSTO DE CADA CUAL!

Julia sigue observando la imagen del plato saludable.

Julia: Esta imagen me recuerda a una frase que he leído mucho últimamente en periódicos y revistas: "Dieta basada en vegetales." ¿Qué significa?

David: ¡Muy buena pregunta, Julia! En una dieta basada en vegetales, la mayoría de los alimentos que se comen proceden de plantas.

Yoko: ¿Como por ejemplo de las frutas y las verduras?

David: Sí, pero también de los frutos secos y las semillas, aceites, cereales y legumbres.

Julia: ¡Como los vegetarianos!

David: No necesariamente. Las personas que siguen una dieta basada en vegetales a veces comen carne, pero simplemente comen muy poca. En cambio, los vegetarianos no comen nada de carne.

Yoko: Entonces, el plato de la imagen es el plato de una dieta basada en vegetales.

David: ¡Exacto! No tienes que renunciar a la carne por completo para ayudarte a ti misma y al planeta.

Yoko: ¿Y qué piensas de nuestro amigo Fran? Él dice que todos deberíamos seguir una dieta vegana. ¿En qué consiste esta dieta, exactamente?

David: Los veganos nunca comen productos de origen animal: ni carne, ni queso, ni leche. ¡Ni siquiera miel!

Yoko: ¡Guau! ¡Qué dieta tan estricta!

Julia: Cualquier dieta puede empeorar el cambio climático, incluso la vegana. España produce mucha fruta y verdura, pero hay productos que llegan en avión desde otro lugar del mundo. Hay que traerlos en aviones que generan mucho dióxido de carbono, ¡así que la fruta que viene de lejos puede ser peor para el medio ambiente que la carne local! En cambio, si elegimos productos de temporada y cultivados cerca de casa, estamos ayudando a generar menos gases de efecto invernadero. Además, la fruta y verdura de temporada es más barata, tiene todos los nutrientes y está mucho más rica.

David: Esa es otra buena razón para comer una dieta basada en vegetales, Julia. Además, la verdura de temporada es más barata y tiene mejor sabor. Yoko, tu dieta japonesa contiene mucha verdura y vegetales. ¿Comes algo de carne?

Yoko: Unas dos veces al año; no me gusta el sabor.

Julia: ¡Pero le encanta el pescado! Lo come todos los días.

David: Entonces, eres pescetariana: comes sin carne, solo con pescado y alimentos vegetales.

Yoko: ¡Oh! ¡Qué buena esta palabra! La puedo usar en los restaurantes cuando vaya a pedir.

Julia: ¿Y yo qué soy entonces, una "persona que come sobre todo vegetales"?

David: Pues mira, hay un nombre para quienes comen sobre todo alimentos vegetales: ¡los flexitarianos! En general son vegetarianos, pero son lo suficientemente flexibles como para comer carne de vez en cuando.

Julia: ¡Flexitariana! ¡Me gusta!

Datos clave:

- *Hay muchas maneras de comer una dieta sana, basada en vegetales y buena para el medio ambiente.*
- *Los flexitarianos comen sobre todo alimentos de origen vegetal, pero a veces comen carne.*
- *Los pescetarianos solo comen animales que proceden del mar.*
- *Los vegetarianos no comen carne, pero sí huevos y productos lácteos: leche, queso, etc.*
- *Los veganos no comen productos de origen animal.*

Vocabulario

proceder to come from
legumbre pulse
renunciar a to give up on something
miel honey
estricto strict
empeorar to get worse
sobre todo above all, most of all

Bibliografía

EAT-*Lancet* Commission. (s.f.). *A planetary health plate should consist by volume of approximately half a plate of vegetables and fruits; the other half, displayed by contribution to calories, should consist of primarily whole grains, plant protein sources, unsaturated plant oils, and (optionally) modest amounts of animal sources of protein* [Infográfico]. En *Food planet health: healthy diets from sustainable food systems. Summary report of the EAT-Lancet Commission.* https://eatforum.org/content/uploads/2019/07/EAT-Lancet_Commission_Summary_Report.pdf.

Gander, K. (16 de septiembre de 2019). *This is the best diet to save the planet.* Newsweek. https://www.newsweek.com/best-diet-save-planet-science-1459368.

Gray, R. (13 de febrero de 2020). *Why the vegan diet is not always green.* BBC Future. https://www.bbc.com/future/article/20200211-why-the-vegan-diet-is-not-always-green.

Kim, B. F., Santo, R. E., Scatterday, A. P., Fry, J. P., Synk, C. M., Cebron, S. R., Mekonnen, . M., Hoekstra, A. Y., Pee, S., Bloem, M. W., Neff, R. A., y Nachman, K. E. (2019). Country-specific dietary shifts to mitigate climate and water crises. *Global Environmental Change.* https://doi.org/10.1016/j.gloenvcha.2019.05.010.

McManus, K. D. (27 de septiembre de 2018). *What is a plant-based diet and why should you try it?* Harvard Health Blog. https://www.health.harvard.edu/blog/what-is-a-plant-based-diet-and-why-should-you-try-it-2018092614760.

Ros, L. (21 de agosto de 2019). *Alimentos de temporada y Km 0 para combatir el cambio climático.* La Vanguardia. https://www.lavanguardia.com/vida/junior-report/20190821/463930287062/alimentos-temporada-km0-cambio-climatico.html

CAPÍTULO 18: CULTIVAR UN HUERTO

David consulta su reloj. Tiene otros pacientes esperándolo.

David: Una cosa más, chicas: hemos hablado mucho sobre la dieta, pero antes de iros, deberíamos hablar sobre el ejercicio físico.

Julia: ¡Oh, sí! En esto yo voy mejor que tú, Yoko.

David: ¿Todavía vas a nadar tres veces por semana en la piscina municipal?

Julia: ¡Sí! Los días que no nado, salgo a pasear.

Yoko: ¡Le encanta hacer ejercicio!

David: ¿Y a ti, Yoko? ¿A ti no te gusta nadar o pasear?

Yoko: ¡Para nada!

Julia: Ella no hace ejercicio si no tiene una razón para ello.

David: ¿Qué pensarías si te digo que hay una forma de hacer ejercicio que también ayudará a Julia a comer mejor?

Yoko: ¡Vaya, vaya; eso me interesa! ¿Tiene usted alguna idea, Dr. Pizarro?

David: ¡Sí! ¿Qué te parece cultivar tus propias verduras en un huerto?

Julia: ¡Yoko, es una idea maravillosa!

David: Cuidando un huerto se hace mucho ejercicio. ¡Y si cultivas verduras y frutas, también comerás mejor!

Julia: Hablamos sobre huertos en la última reunión de la asociación ecologista. Los huertos son muy buenos para el medio ambiente.

David: ¿En qué sentido?

Julia: Primero, puedes elegir no usar productos químicos en el suelo y abonar tus plantas con compost.

David: ¿Y qué es el compost? Yo siempre pienso en cáscaras de plátano y posos de café.

Julia: Cualquier desecho que proceda de las plantas puede convertirse en compost. ¡Eso incluye las cáscaras de plátano y los posos de café! También puedes usar hojas y malas hierbas del jardín. El compost se obtiene cuando la materia vegetal se pudre y se descompone.

David: ¿No huele mal?

Julia: ¡Ja, ja, no; no huele bien, eso es cierto! Es por eso que muchas personas guardan el compost fuera de casa. Pero es muy saludable para el suelo; a tus plantas les encantará.

Yoko: ¡Guau, Julia! ¡Sabes mucho de agricultura y jardinería!

Julia: Sí, aunque no me gusta. ¡Por eso nunca se me había ocurrido hacerlo en casa! Pero es perfecto para ti.

Yoko: ¡Gracias por la sugerencia, doctor!

David: De nada, pero también debo darte las gracias a ti, Julia. ¡Ahora que sé lo bueno que es para el medio ambiente, yo también quiero tener uno!

Julia: ¡Me encanta oír eso!

Yoko: Bueno, tenemos que seguir haciendo cosas. ¡Adiós, doctor Pizarro!

David: ¡Adiós, chicas!

Datos clave:

- *Los huertos nos ayudan a hacer ejercicio, a comer bien y a luchar contra los efectos del cambio climático.*

Vocabulario

consultar *here:* to look at
municipal municipal, managed by a town's local council
químico chemical
abonar to fertilise
poso *here:* grounds
cáscara *here:* peel
desecho waste, refuse
mala hierba weed
descomponerse to rot, to go off

Bibliografía

Cambridge English Dictionary. (s.f.). Compost. In *Cambridge Dictionary Online.* Recuperado el 2 de mayo de 2020 de https://dictionary.cambridge.org/us/dictionary/english/compost.

Fosdick, D. (3 de marzo de 2020). 'Sustainable gardening' includes many eco-friendly practices. *ABC News.* https://abcnews.go.com/Lifestyle/wireStory/sustainable-gardening-includes-eco-friendly-practices-69355658.

Lawrence, S. (s.f.). Get fit by gardening. *WebMD.* https://www.webmd.com/fitness-exercise/features/get-fit-by-gardening#1.

Missouri Botanical Garden. (s.f.). *Sustainable Gardening.* https://www.missouribotanicalgarden.org/gardens-gardening/your-garden/help-for-the-home-gardener/sustainable-gardening.aspx.

Soga, M., Gaston, K. J., y Yamaura, Y. (2017). Gardening is beneficial for health: A meta-analysis. *Preventative Medicine Reports, 5,* 92-99. https://doi.org/10.1016/j.pmedr.2016.11.007.

Thompson, R. (2018). Gardening for health: a regular dose of gardening. *Clinical Medicine (London), 18*(3), 201-05. https://doi.org/10.7861/clinmedicine.18-3-201.

CAPÍTULO 19: GRANJAS: DÓNDE ENCONTRAR CARNE SANA Y ECOLÓGICA

Julia y Yoko salen de la consulta de David y deciden ir a la carnicería. El carnicero se llama Jaime y tiene 45 años. Su tienda se llama Carne Suprema.

Julia: ¡Buenos días, Jaime!

Jaime: ¡Buenos días, chicas!

Yoko: ¡Buenos días, Jaime! ¿Qué tal estás hoy?

Jaime: ¡Bien, gracias! Me alegro de que esta semana el tiempo esté más fresco.

Yoko: ¡Yo también!

Jaime: Dime, Julia, ¿quieres tu pedido de todas las semanas? ¿Carne picada, beicon y chuletas de cordero?

Julia: ¡Hoy no, Jaime! Acabamos de salir de la consulta del Dr. Pizarro y me dijo que debo comer menos carne roja.

Jaime: El Dr. Pizarro es un hombre inteligente. También es mi médico de cabecera. ¡Gracias a él, he perdido peso y todavía puedo disfrutar de mi carne!

Julia: ¿De verdad? ¡Eso es fantástico! ¿Cómo?

Jaime: Comiendo carne de mejor calidad, pero menos cantidad.

Julia: ¿Como cuál?

Jaime: Bueno, pues me aseguro de comer carne de vacas que se alimentan de hierba, no de maíz. Esa carne es mucho más sana y también tiene mejor sabor.

Yoko: ¿Por qué es más sana, Jaime?

Jaime: Porque tiene menos grasa que la carne de las vacas que comen cereales, y también tiene más vitaminas. Es importante comer animales que hacen ejercicio al aire libre y comen alimentos naturales, como la hierba. La carne de animales alimentados con hierba es verdaderamente deliciosa.

Julia: Cuando los animales hacen más ejercicio, están más sanos. ¡Eso tiene sentido!

Jaime: Julia, ¿tú no eres socia de la asociación ecologista del barrio?

Julia: ¡Así es, Jaime! Es por eso que quiero comer menos carne. ¡Quiero ayudar al medio ambiente!

Jaime: Entonces deberías comer carne local. Hay mucha carne alimentada con hierba que la traen de Australia.

Yoko: ¡Con toda la gasolina que quema ese avión, no puede ser bueno para el medio ambiente!

Jaime: ¡Claro que no! Pero estás de suerte. Mi mejor carne viene de una granja que está a solo 40 km de aquí. Creo que este corte de carne será perfecto para tu cena, Julia.

Julia: ¡Guau! ¡Tiene un aspecto delicioso!

Jaime: ¡Estoy de acuerdo! Tiene el mismo precio que lo que te llevas todas las semanas, pero la calidad es mucho mejor. ¡Y el sabor también!

Julia: Entonces prepáramela para llevar, Jaime. ¡La voy a asar este fin de semana!

Yoko: Incluso yo voy a darle un bocado, ¡tiene muy buena pinta!

Datos clave:

- *Comprar carne local alimentada con hierba es más sano para ti y para el planeta.*
- *Puede ser más cara, así que compra menos si quieres comprar carne de mejor calidad.*

Vocabulario

carne picada minced meat
beicon bacon
chuletas chops
asegurarse to make sure, to ensure
maíz corn, maize
verdaderamente truly, certainly
socio *here:* member
asar to roast, to grill
bocado bite

Bibliografía

Daley, C. A., Abbott, A., Doyle, P. S., Nader, G. A., y Larson, S. (2010). A review of fatty acid profiles and antioxidant content in grass-fed and grain-fed beef. *Nutrition journal*, *9*, 10. https://doi.org/10.1186/1475-2891-9-10.

Matsumoto, N. (13 de agosto de 2019). *Is grass-fed beef really better for the planet? Here's the science.* NPR. https://www.npr.org/sections/thesalt/2019/08/13/746576239/is-grass-fed-beef-really-better-for-the-planet-heres-the-science.

Stanley, P. L., Rowntree, J. E., Beede, D. K., DeLonge, M. S., y Hamm, M. W. (2018). Impacts of soil carbon sequestration on life cycle greenhouse gas emissions in Midwestern USA beef finishing systems. *Agricultural Systems*, *162*, 249-58. https://doi.org/10.1016/j.agsy.2018.02.003.

CAPÍTULO 20: AGRICULTURA CONVENCIONAL

Jaime envuelve el filete de carne de vaca alimentada con hierba para Julia. Julia saca su monedero para pagar.

Jaime: Julia, ¿cuándo es la próxima reunión de tu asociación ecologista?

Julia: El próximo viernes, aunque esta noche nos vamos a reunir para cenar y jugar al trivial en el bar. ¿Por qué?

Jaime: Estoy aprendiendo mucho sobre el cambio climático. El periódico publica muchos artículos sobre el tema y me gustaría ir a una de vuestras reuniones para saber un poco más.

Julia: ¡Claro, vente por allí! Podrías compartir lo que me acabas de contar sobre las granjas locales y la carne sostenible.

Yoko: ¡Es una gran idea, cariño! Jaime, ¿supiste sobre la carne sana en esos artículos?

Jaime: Ya sabía un poco. ¡Tengo que informarme mucho sobre la carne para hacer bien mi trabajo! Pero sí, me enteré de más cosas.

Yoko: ¿De qué más te enteraste con los artículos?

Jaime: El último artículo fue sobre la agricultura y los gases de efecto invernadero. ¡Había mucha información! ¿Sabes cuántos gases de efecto invernadero producen las granjas más grandes cada año?

Julia y Yoko: No, ¿cuántos?

Jaime: ¡Un 10-20% de todos los gases de efecto invernadero!

Yoko: ¡Guau! ¿Y por qué la agricultura produce tanto dióxido de carbono?

Jaime: Solo hay un tipo de agricultura que es así de dañino. Cuando los campos se plantan con el mismo cultivo una y otra vez, el suelo pierde calidad.

Julia: Sí. Las plantas absorben el dióxido de carbono del aire. Un suelo sano absorbe el carbono de las plantas cuando mueren, pero la agricultura intensiva detiene este proceso. Por lo tanto, el carbono del suelo se libera de nuevo en el aire como dióxido de carbono.

Yoko: ¡Guau! ¡No lo sabía!

Jaime: Los agricultores también ponen productos químicos en el suelo agotado para intentar recuperar su calidad. Esos productos químicos pueden entrar en el agua subterránea, y si eso sucede, el agua ya no es segura para beber.

Yoko: ¿Hay otra manera más segura y sana de cultivar comida para nosotros y para el planeta?

Jaime: ¡Eso es lo que quiero saber, Julia!

Julia: ¡Por supuesto! Las granjas ecológicas no le echan productos químicos al suelo. Suelen ser granjas pequeñas que son propiedad de una familia, en lugar de una empresa.

Yoko: ¿Quieres decir, como las granjas que nos venden las verduras en el mercado de los sábados?

Julia: ¡Exactamente!

Yoko: Así que debería asegurarme de cultivar muchos tipos de verduras en nuestro huerto, y tampoco debería echarle ningún producto químico en el suelo.

Jaime: ¿Vas a plantar un huerto? ¡Qué buena idea!

Julia: ¡Sí! ¡Las espinacas estarán deliciosas con mi bistec de la semana!

Yoko: Jaime, nos tenemos que ir. ¡Gracias por el bistec y la conversación!

Jaime: ¡Adiós, chicas! ¡Buenas tardes!

Yoko y Julia: ¡Adiós!

Datos clave:

- *Las granjas industriales pueden producir muchos gases de efecto invernadero.*
- *Esto sucede cuando hacen cosas como plantar el mismo cultivo todos los años y echarle productos químicos al suelo.*
- *Las granjas ecológicas son más sanas y seguras para el planeta y para nuestras dietas.*

Vocabulario

envolver to wrap
monedero purse
trivial *here:* a popular quiz board game
sostenible sustainable
dañino harmful
agotado *here:* used up, exhausted, with no nutrients
subterráneo underground
ser propiedad de to be owned by
espinacas spinach

Bibliografía

Project Drawdown. (s.f.). *Regenerative Annual Cropping*. https://www.drawdown.org/solutions/regenerative-annual-cropping.

Rodale Institute. (s.f.). *Organic v. Conventional farming*. https://rodaleinstitute.org/why-organic/organic-basics/organic-vs-conventional/.

Russell, S. (29 de mayo de 2014). *Everything you need to know about agricultural emission*s. World Resources Institute. https://www.wri.org/blog/2014/05/everything-you-need-know-about-agricultural-emissions.

QUINTA PARTE: ENERGÍA

Esta semana, Elena está en Barcelona. Ha ido para conseguir información sobre energía para sus artículos sobre el cambio climático. Ahora mismo está dando una vuelta por el Paseo Marítimo de la playa de la Barceloneta. Hace un maravilloso día de sol. Un adolescente y un anciano se le acercan mientras pasean.

CAPÍTULO 21: ¡EL SOL EN EL HORIZONTE!

Elena: ¡Hola! Me llamo Elena.

Damià: ¡Hola! Yo soy Damià y este es mi abuelo, Toni.

Toni: ¡Hola!

Elena: Qué día tan bonito, ¿verdad? No hay ni una nube en el cielo.

Toni: ¡Es un día estupendo! Y gracias a la brisa fresca del mar, no hace nada de calor.

Damià: Tú no eres de por aquí, ¿verdad?

Elena: No, vivo en Madrid. Estoy aquí por trabajo. Estoy escribiendo un artículo sobre energía verde.

Damià: ¿Energía verde? Creo que sé lo que significa. Es energía que procede de fuentes como la luz solar y el viento. Se llaman verdes porque son ecológicas y no contaminan el aire.

Elena: ¡Sí, exactamente! Esta zona sería un lugar perfecto para poner una granja solar.

Toni: ¿Qué es una granja solar?

Damià: Es un lugar con muchos paneles solares, abuelo. Los paneles absorben la luz solar y la transforman en electricidad.

Elena: ¡Guau! Sabes mucho sobre energía solar, Damià.

Damià: Estamos estudiando las energías verdes, o limpias, en mi clase de ciencias.

Toni: Pero, ¿por qué se llama "granja"? ¡Las granjas son para las verduras y el ganado! ¡Si lo sabré yo, que era labrador!

Damià: ¡Los tiempos están cambiando, abuelo! Te lo puedo explicar: los cultivos se plantan en primavera y se cosechan en otoño, ¿verdad?

Toni: Sí, plantamos en primavera y cosechamos en otoño.

Damià: Bueno, las granjas solares recogen la luz del sol y luego la transforman en electricidad. Por lo tanto, las granjas solares cosechan la luz del sol.

Elena: ¡Es una excelente explicación, Damià! ¿Puedo usarla para mi próximo artículo sobre la energía solar? Voy a mencionar tu nombre.

Damià: ¡Claro, como mola! ¡Gracias!

Toni: ¡Muy bien, Damià! Pero explícame: ¿cómo funcionan las granjas solares?

Damià: Es un poco complicado. Hay que saber mucho sobre electricidad para entenderlo, pero lo que es fácil de entender es que usar energía solar es muy bueno para el planeta. Es una energía mucho más verde y más limpia que la energía que procede de los combustibles fósiles.

Elena: ¡Sí! La quema de combustibles fósiles contamina y produce gases de efecto invernadero, pero la luz solar no se quema y, por lo tanto, no genera ninguna de esas dos cosas perjudiciales.

Toni: Soy un anciano con una pensión pequeñita. ¿Podría pagarme la electricidad solar?

Damià: ¡Claro que sí, abuelo! Muchas veces, la energía solar tiene el mismo precio o es incluso más barata que la energía de los combustibles fósiles.

Toni: ¡Vaya! La semana pasada recibí en mi buzón un folleto sobre la energía solar. ¿Podrías llamar a la compañía eléctrica más tarde? Quiero que pongan esos paneles en mi techo.

Damià: ¡Por supuesto, abuelo!

Photo by American Public Power Association on Unsplash

Toni: Tengo otra pregunta: ¿las granjas solares son tan grandes y feas como los molinos de viento?

Damià: ¡Abuelo! ¡Los parques eólicos son importantes!

Elena: Las granjas solares pueden ocupar mucho espacio, pero los paneles son planos y no son muy altos, así que no se pueden ver desde muy lejos.

Toni: ¡Bueno, eso es un alivio!

Damià y Elena: ¡Ja, ja, ja!

Datos clave:

- *La energía solar es una de las fuentes de energía verde más baratas y más limpias.*
- *Funciona absorbiendo la luz y el calor del sol y transformándolos en electricidad.*

Vocabulario

dar una vuelta to go for a walk
paseo marítimo promenade, esplanade
adolescente teenager
fuente *here:* source
contaminar to pollute
labrador farmer
cultivo crop
cosechar to harvest
mencionar *here:* to give credit
molar to be cool (*¡mola!*= cool!)
parque eólico wind farm
alivio relief

Bibliografía

American Public Power Association. (s.f.). [Paneles solares en un campo] [Fotografía] Unsplash. https://unsplash.com/photos/513dBrMJ_5w.

Dudley, D. (13 de enero de 2018). *Renewable energy will be consistently cheaper than fossil fuels by 2020, report claims*. Forbes. https://www.forbes.com/sites/dominicdudley/2018/01/13/renewable-energy-cost-effective-fossil-fuels-2020/#1be9c7674ff2.

International Renewable Energy Agency (IRENA). (2019), *Renewable Power Generation Costs in 2018*. https://www.irena.org/-/media/Files/IRENA/Agency/Publication/2019/May/IRENA_Renewable-Power-Generations-Costs-in-2018.pdf.

Masson, V., Bonhomme, M., Salagnac, J.-L., Briottet, X., y Lemonsu, A. (2014). Solar panels reduce both global warming and urban heat island. *Environmental Science*, *2*(14). https://doi.org/10.3389/fenvs.2014.00014.

Project Drawdown. (s.f.). *Utility-scale solar photovoltaics*. https://drawdown.org/solutions/utility-scale-solar-photovoltaics.

Schmalensee, R., *et al*. (2015). *The future of solar energy: an interdisciplinary MIT study*. http://energy.mit.edu/wp-content/uploads/2015/05/MITEI-The-Future-of-Solar-Energy.pdf.

U.S. Energy Information Administration. (s.f.). *Renewable solar*. Energy Kids. https://www.eia.gov/kids/energy-sources/solar/.

CAPÍTULO 22:
VIENTO EN POPA

De repente, un golpe de viento se lleva el sombrero de Toni. El sombrero aterriza al lado de Elena, que lo recoge y se lo devuelve.

Elena: ¡Vaya! ¡El viento cada vez sopla más fuerte! Aquí tiene su sombrero, señor. . .

Toni: Puedes llamarme Toni. Y gracias por recuperarme el sombrero.

Elena: ¡De nada!

Damià: Abuelo, me gusta el aspecto que tienen las turbinas eólicas: son altas, delgadas y blancas.

Toni: ¿Turbinas eólicas? ¿No son molinos de viento?

Damià: No, los molinos de viento no crean electricidad. Es por eso que los molinos de viento ya existían antes de la energía eléctrica. Las palas de las turbinas eólicas están conectadas a generadores, que son máquinas que convierten la energía que obtenemos del movimiento en energía eléctrica. Cuando las aspas giran, los generadores usan esa energía para crear electricidad.

Toni: Bah. Bueno, pues esas "turbinas", como tú las llamas, son mucho más feas que los viejos molinos. ¿Y no matan a muchos pájaros? Creo que lo he leído en alguna parte.

Elena: ¡En realidad, la energía eólica mata muchos menos pájaros que otras cosas!

Toni: ¿Como cuáles?

Elena: Hay muchas más aves que mueren cada año al chocar contra los edificios que contra las turbinas, pero quienes más pájaros matan en todo el mundo son los gatos.

Toni: ¡Los gatos!

Damià: ¡*Pelusa* y *Tigre* son asesinos de aves! ¡No me lo puedo creer!

Toni: Es el ciclo de la vida; los gatos tienen que ser gatos. Pero esto me hace sentir mejor sobre esas. . . "turbinas", como tú las llamas.

Elena: ¡Puede decir "parque eólico"!

Photo by Johanna Montoya on Unsplash

Toni: ¿Y estos parques eólicos son tan rentables como las granjas solares?

Elena: ¡La energía eólica puede ser incluso más barata que la solar!

Toni: Primero, tenemos granjas solares. Ahora, tenemos parques eólicos. ¿Qué será lo siguiente, cultivos de agua?

Elena: ¡Sí! Cada vez se construyen más parques eólicos en mitad del océano. Se llaman parques eólicos marinos.

Damià: Entonces, ese que se ve allá sería un parque eólico terrestre, ¿no?

Elena: ¡Exactamente!

Toni: ¿¡Me estás diciendo que pronto miraré al mar y no veré otra cosa que estas turbinas eólicas!?

Damià: Abuelo, ¿qué te importa más, tu vista o mi futuro?

Toni: Míralo, qué listo eres para tu edad. Mucho más de lo que yo era. Es un buen muchacho, ¿no crees, Elena?

Elena: ¡Claro que sí!

Datos clave:

- *La energía eólica es otra fuente de energía barata y limpia.*
- *Los parques eólicos se encuentran en tierra y en el mar, frente a la costa.*

Vocabulario

golpe de viento blast of wind
molino mill
aspa windmill blade
chocar to crash against, to bump against
rentable profitable; worthwhile
muchacho boy, lad

Bibliografía

Fares, R. (28 de agosto de 2017). *Wind energy is one of the cheapest sources of electricity, and it's getting cheaper*. Scientific American. https://blogs. scientificamerican.com/plugged-in/wind-energy-is-one-of-the-cheapest-sources-of-electricity-and-its-getting-cheaper/.

Lavric, E., Pattison, S., Richardson, H., y Wood, C. (s.f.). *Renewables comparison: wind v. solar energy* [PowerPoint]. Recuperado el 28 de abril de 2020 de https://icap.sustainability.illinois.edu/files/projectupdate/4045/wind%20vs%20solar.pdf.

Loss, S. L., Will, T., y Marra, P. P. (2013). Estimates of bird collision mortality at wind facilities in the contiguous United States. *Biological Conservation*, *168*, 201-09. https://doi.org/10.1016/j.biocon.2013.10.007.

Loss, S. L., Will, T., Loss, S. S., y Marra, P. P. (2014). Bird–building collisions in the United States: Estimates of annual mortality and species vulnerability. *The Condor: Ornithological Applications*, *116*(1), 8-23. https://doi.org/10.1650/CONDOR-13-090.1

Montoya, J. (s.f.). [Turbinas eólicas en campo] [Fotografía] Unsplash. https://unsplash.com/photos/OZ-r0tEnW6M.

Office of Energy Efficiency & Renewable Energy. (s.f.). *History of U.S. Wind Energy*. U. S. Department of Energy. https://www.energy.gov/eere/wind/history-us-wind-energy.

Thaxter, C. B., Buchanan, G. M., Carr, J., Butchart, S. H. M., Newbold, T., Green, R. E., Tobias, J. A., Foden, W. B., O'Brien, S., y Pearce-Higgins, J. W. (2017). Bird and bat species' global vulnerability to collision mortality at wind farms revealed through a trait-based assessment. *Proceedings of the Royal Society B: Biological Sciences*, *284*(1862), 20170829. http://dx.doi.org/10.1098/rspb.2017.0829.

CAPÍTULO 23: LA ENERGÍA NUCLEAR

Toni, Damià y Elena continúan conversando sobre las fuentes de energía alternativa.

Toni: Una cosa es segura: el viento y la luz solar son fuentes de energía más seguras que la energía nuclear. Cuando yo era joven, esa era la energía limpia más usada.

Elena: ¡Tienes razón en eso, Toni! La energía nuclear puede ser muy segura. Hoy en día hay casi 450 plantas nucleares produciendo energía en más de 50 países, pero si las cosas van mal, la energía nuclear puede ser muy peligrosa.

Photo by Ajay Pal Singh Atwal on Unsplash

Damià: ¡No sabía que existían tantas centrales nucleares!

Elena: Sí. El 10% de toda la electricidad del mundo procede de la energía nuclear. Francia obtiene casi el 75% de su electricidad de ella, e incluso Estados Unidos genera el 20% de su electricidad a partir de la energía nuclear.

Toni: ¡Pero es muy peligrosa! ¡Piensa en el accidente de Chernóbil de 1986!

Damià: ¡Eso fue hace más de 30 años, abuelo! Estoy seguro de que la tecnología ha mejorado mucho desde entonces.

Elena: Los dos tenéis razón. Los reactores nucleares de ahora son mucho más seguros que los de 1986. También son más caros: cuestan entre 4 y 8 veces más. Pero, a pesar de ser tan seguros, cualquier desastre podría causar muchos problemas.

Toni: ¡Como lo que pasó con el terremoto de Japón de 2011! Ese terremoto causó un tsunami y el agua inundó una central nuclear que liberó material radiactivo. Las personas que vivían en esa zona no pudieron volver a casa hasta 2019, es decir, ocho años después. Hay muchas personas que todavía no pueden vivir en esa zona.

Damià: Guau, eso es horrible. No me gustaría nada tener que abandonar mi casa.

Elena: A mí tampoco. Es por eso que incluso Francia está cerrando algunas centrales nucleares. Nunca han tenido un accidente, pero con uno solo basta para causar daños que durarían muchos años.

Damià: La gente todavía no puede vivir cerca de Chernóbil, ¿verdad?

Elena: Correcto. Hay un área de unos 50 km de ancho en torno a la planta nuclear donde nadie puede vivir. Sin embargo, todavía hay gente trabajando allí.

Damià y Toni: ¿¡De verdad!?

Elena: Sí. Los reactores que no se destruyeron en 1986 siguieron produciendo energía hasta el año 2000. Desde entonces, los trabajadores están cerrando la planta de forma segura. Los trabajadores cuidan su seguridad quedándose allí durante cortos períodos de tiempo.

Toni: El peligro es la radiación. Esta es segura en pequeñas cantidades, como cuando nos hacen radiografías, pero demasiada radiación daña nuestras células. Nos puede envenenar de inmediato y podemos morir rápido, o también puede causar cáncer y otros problemas de salud años después si alguien se expone a la radiación mucho tiempo.

Damià: Pero hay personas que reciben radiación para tratarse un cáncer, ¿verdad?

Toni: Sí, a tu abuela le pusieron radioterapia para su cáncer de mama. Pero esa cantidad de radiación es muy pequeña si se compara con la cantidad que se libera en un accidente nuclear.

Elena: La energía nuclear tiene riesgos muy graves, pero todavía no se produce suficiente energía eólica y solar para reemplazar la energía nuclear. Primero, hay que aumentar la cantidad de energía que se genera con los tipos más seguros de energía verde. Entonces, podremos dejar de producir energía nuclear.

Toni: ¡Estoy de acuerdo!

LOS ÁCCIDENTES NUCLLEARES MAS GRAVES DEL MUNDO

Image created by Jeffie Jasmine for Olly Richards Publishing, data from HispanTV

Datos clave:

- *Hay más de 450 centrales nucleares que producen energía en 50 países.*

- *En general, la energía nuclear es una energía segura y limpia.*

- *Sin embargo, cualquier accidente será muy grave. Las personas deben abandonar la zona y pueden morir por recibir un exceso de radiación.*

- *La energía nuclear tiene muchos beneficios, pero también muchos riesgos.*

127

Vocabulario

proceder to come from
obtener to otbain, to get, to produce
terremoto earthquake
radiografía x-ray photograph
envenenar to poison
exponerse to expose (especially, to danger)

Bibliografía

Atwal, A. P. S. (s.f.). [Silueta de una central nuclear cerca de un cuerpo de agua durante el día] [Fotografía] Unsplash. https://unsplash.com/photos/gRdTreyRops.

Goldberg, S. M. y Rosner, R. (2011). *Nuclear reactors: generation to generation*. American Academy of Arts & Sciences. https://www.amacad.org/sites/default/files/academy/pdfs/nuclearReactors.pdf.

Hispantv (4 de marzo de 2018) Los accidentes nucleares más graves del mundo [Infografía]. Recuperado el 17 de junio de 2020 de: https://www.hispantv.com/noticias/sociedad/370306/accidentes-nucleares-chernobil-fukushima-infografia

Little, J. B. (16 de enero de 2019). *Fukushima residents return despite radiation*. Scientific American. https://www.scientificamerican.com/article/fukushima-residents-return-despite-radiation/.

Meyer, R. (5 de marzo de 2019). *There really, really isn't a silver bullet for climate change*. The Atlantic. https://www.theatlantic.com/science/archive/2019/03/why-nuclear-power-cannot-solve-climate-change-alone/584059/.

Project Drawdown. (s.f.). *Nuclear power*. https://www.drawdown.org/solutions/nuclear-power.

U.S. Environmental Protection Agency (U.S. E.P.A.) (s.f.). *Radiation health effects*. https://www.epa.gov/radiation/radiation-health-effects.

World Nuclear Association. (2020). *Nuclear Power in the U.S.A.* https://www.world-nuclear.org/information-library/country-profiles/countries-t-z/usa-nuclear-power.aspx.

—. *Nuclear power in the world today.* https://www.world-nuclear.org/information-library/current-and-future-generation/nuclear-power-in-the-world-today.aspx.

World Nuclear News. (19 de febrero de 2014). *Decommissioning of Chernobyl units approaches.* https://world-nuclear-news.org/Articles/Decommissioning-of-Chernobyl-units-approaches.

CAPÍTULO 24: ¡ENERGÍA PARA TODOS LOS GUSTOS!

Toni, Damià y Elena se quedan un momento en silencio, pensando en los riesgos y beneficios de la energía nuclear. De repente, Elena mira su reloj.

Elena: ¡Tengo que irme pronto! Será mejor que vuelva al hotel antes del atardecer. ¡Me ha gustado mucho nuestra conversación!

Toni y Damià: ¡A nosotros también!

Damià: Señora…

Elena: ¡Llámame Elena, por favor!

Damià: Está bien, Elena. ¿Conoces otros tipos de energía verde? Parece que sabes mucho sobre energía limpia.

Elena: ¡Muy buena pregunta, Damià! Sí, estoy escribiendo sobre algunos tipos de energía que son menos conocidos, como la energía geotérmica.

Toni: ¿Geotérmica? ¡Eso me hace pensar en mi ropa interior térmica!

Elena: ¡Sí, funciona de una forma parecida! "Térmica" es una palabra científica que se refiere al calor.

Damià: Y "geo" significa "Tierra", ¿verdad? La geografía y la geología son ciencias que estudian la Tierra. Entonces, ¿la energía geotérmica es la que usa el calor de la Tierra?

Elena: ¡Exacto, Damià! Ya veo por qué está tan orgulloso de él, Toni.

Toni: ¡Sí, lo estoy! Entonces, ¿qué es exactamente la energía geotérmica?

Elena: Es la energía que proviene del calor del interior de la Tierra. La gente ha usado esta energía durante miles de años. ¿Conocéis los baños romanos?

Toni: ¡Sí! Los antiguos romanos se sentaban juntos en el agua caliente y fría. Obtenían el agua caliente del interior de la Tierra.

Elena: ¡Exactamente! Esa agua está siempre disponible porque la Tierra siempre está caliente por dentro.

Toni: Entonces, ¿por qué no he oído hablar de la energía geotérmica?

Elena: El calor de la Tierra tiene que estar cerca del suelo para poder usarlo, pero no siempre lo está. Solo un 10% de nuestra superficie puede proporcionar energía geotérmica sostenible. Por ejemplo, las zonas cercanas a los volcanes suelen tener un calor geotérmico que se puede usar.

Damià: Eso explica por qué no sé mucho sobre la energía geotérmica.

Elena: Otro tipo más nuevo de energía es la energía marina. Esta es mucho más común.

Toni: ¿Energía marina? Eso suena a la energía de las olas y las mareas.

Elena: ¡Exacto, de eso se trata!

Damià: Entonces, ¿por qué no tenemos más energía marina?

Elena: Por la tecnología: es muy caro obtener esta energía.

Damià: ¿Por qué?

Elena: Porque el agua salada destroza los equipos metálicos. Además, las olas son muy fuertes y pueden empujar y tirar la maquinaria al mar. Por eso, estas máquinas se pueden romper con mucha facilidad y cuesta mucho dinero sustituirlas.

Damià: Yo de mayor quiero ser ingeniero. ¡Estudiaré cómo construir unas centrales eléctricas más fuertes para usarlas en el océano!

Elena: ¡Creo que es una idea maravillosa! Me encantaría enviarte mis artículos terminados. ¿Cómo puedo ponerme en contacto contigo?

Damià: Estoy en Twitter. Mi cuenta es @DamiaCambio Climatico. La he abierto para compartir lo que hago para luchar contra el cambio climático.

Elena: ¡Me encanta! Ha sido un placer conoceros a los dos, Damià y Toni. ¡Disfrutad de esta bonita tarde!

Toni y Damià: ¡Tú también, Elena! ¡Adiós!

Vocabulario

ropa interior underwear
funcionar to work, to opérate
orgulloso proud
disponible available
proporcionar to provide
soler to occur normally, to be usual
destrozar to ruin, to destroy
maquinaria machinery, equipment
ingeniero engineer
extenderse to spread

Bibliografía

Levitan, D. (28 de abril de 2014). *Why wave power has lagged far behind as energy source.* Yale e360. https://e360.yale.edu/features/why_wave_power_has_lagged_far_behind_as_energy_source.

Morris, S. (1 de junio de 2009). Q&A: geothermal energy. *The Guardian.* https://www.theguardian.com/environment/2009/jun/01/geothermal-energy.

Project Drawdown. (s.f.). *Geothermal power*. https://www.drawdown.org/solutions/geothermal-power.

—. (s.f.). *Ocean power*. https://drawdown.org/solutions/ocean-power.

SEXTA PARTE: RESIDUOS

David y María están en su casa de Toledo. Han organizado una cena. Todo el mundo se ha ido, excepto un amigo de David, Tomás, que ha llegado de visita desde Valencia y se quedará a pasar la noche con David y María.

CAPÍTULO 25: LO QUE TIRAMOS EN CASA

David, María y Tomás están en la cocina. La fiesta ha terminado y están limpiando.

Tomás: ¡Ha sido una cena maravillosa! Gracias por invitarme.

David: ¡Por supuesto! Hemos sido muy buenos amigos desde hace unos 15 años.

Tomás: Ja, ja, es verdad. ¡Tengo tantos buenos recuerdos!

María: Siempre es genial verte, Tomás.

Tomás: ¡Gracias, María! Es genial verte a ti también.

David: María, cariño, ¿puedes guardar los restos de la comida? Voy a recoger los platos de la mesa.

Tomás: ¿Cómo puedo ayudaros?

María: Puedes recoger las botellas, envases de alimentos y otros desperdicios. Vamos a ver lo que podemos reciclar o reutilizar y luego tiraremos el resto.

Tomás: ¡Voy! Estas botellas de vino y de cerveza se pueden reciclar, ¿verdad?

David: Sí, el vidrio es casi siempre reciclable. Enjuágalas primero.

Tomás: ¡Lo haré! ¿Qué pasa con el paquete de poliespán de los champiñones? ¿Se puede reciclar?

María: Me temo que no; hay que tirar todo lo de poliespán. El envase de las fresas, también.

Tomás: Vale, voy a echar los dos al cubo de basura. ¡Vaya, no tenéis casi nada en la basura! ¡En mi piso, mi papelera siempre está llena de envases de comida para llevar!

David: Este mes hemos cocinado más en casa. Estamos intentando acumular menos residuos.

Tomás: Sí, tu amiga, Elena, me ha contado que queréis ser más respetuosos con el medio ambiente.

David: ¡Qué bien que has podido hablar con ella sobre eso! Leímos un estudio sobre los envases de un solo uso. Los envases de poliespán son un poco mejores para el medio ambiente que los de plástico o aluminio, pero ninguno de ellos es bueno para el planeta, así que hemos decidido usar estos tres materiales lo menos posible.

Tomás: Elena me dijo que el ayuntamiento de Nueva York prohibió todos los paquetes de poliespán en 2015. Si la ciudad de Nueva York puede hacerlo, ¡yo también puedo, supongo!

María: ¿Nos estás diciendo que vas a cocinar más en casa?

Tomás: ¡Voy a intentarlo! Hablando de cocinar en casa, ¿os gustó mi plato de verduras caseras?

David: Cortar verduras no es cocinar, Tomás.

Tomás: Oye, tengo que empezar por algún sitio, ¿verdad?

Todos: ¡Ja, ja, ja!

Vocabulario

recuerdo memory
restos de comida leftovers
envase package
desperdicio waste
enjuagar to rinse
poliespán styrofoam
champiñón mushroom
para llevar to take away
respetuoso *here:* friendly (*respetuoso con el medio ambiente*=eco-friendly)
ayuntamiento local council, municipality

Bibliografía

Gallego-Schmid, A. Mendoza, J. F., y Azapagic, A. (2019). Environmental impacts of takeaway food containers. *Journal of Cleaner Production*, *211*, 417-27. https://doi.org/10.1016/j.jclepro.2018.11.220.

Kent County Council. (s.f.). *I want to get rid of…* https://www.kent.gov.uk/waste-planning-and-land/rubbish-and-recycling/i-want-to-get-rid-of.

Louie, S. (11 de marzo de 2015). *Say goodbye to styrofoam*. State of the Planet. https://blogs.ei.columbia.edu/2015/03/11/say-goodbye-to-styrofoam/.

UI Here. (s.f.). [Contenedores de seis colores diferentes] [Fotografía]. https://www.uihere.com/free-photos/six-assorted-color-trash-bins-492716.

CAPÍTULO 26: EL PROBLEMA DEL PLÁSTICO

Los tres amigos continúan limpiando.

Tomás: ¿Se puede reciclar el film de plástico que he usado para cubrir mi plato de verduras?

María: ¿No dices que has pasado tanto tiempo hablando con Elena esta noche sobre el medio ambiente? ¿Tú que crees?

Tomás: ¡Oye, que aparte del cambio climático, hemos hablado de más cosas! Pero yo creo que no.

David: Me temo que tienes razón, Tomás. También hay que tirar el envase de plástico de los pimientos y las espinacas, y las botellas de plástico de los refrescos.

María: Las bolsas de plástico también son basura.

Tomás: Uf, lo siento; esas son mías. Me olvidé de traer mi bolsa de la compra reutilizable a Toledo.

María: ¡Está bien, Tomás! Me alegra saber que sueles usar una bolsa reutilizable.

Tomás: ¡Sí que lo hago! Vi todas esas fotos del plástico que flota por el mar. Los pobres animales quedan atrapados en las redes de pesca y comen pequeños trozos de plástico que los ponen enfermos.

María: ¡Sí, lo sé! Es muy triste.

Tomás: Sin embargo, los plásticos también dañan el planeta cuando no terminan en el mar. Fabricar plástico genera muchos gases de efecto invernadero. Elena me ha hablado de un estudio en el que descubrieron que para 2050, fabricar plástico podría producir… ¡un 10-13% de todos los gases de efecto invernadero al año!

David: ¡Guau! Yo he leído que los plásticos también liberan al aire gases de efecto invernadero, como el metano, después de fabricarse. La luz del sol descompone el plástico, y dado que el plástico está hecho de petróleo y carbón, libera gases de efecto invernadero. ¡Es como una central eléctrica cuando quema petróleo y carbón!

Tomás: Bueno, ya está. Ya no más bolsas de plástico. Si tengo que apuntármelo en la mano para acordarme, lo haré. ¡Voy a llevar siempre una bolsa reutilizable conmigo!

María: ¡Ja, ja! Ya verás que no es necesario, Tomás. David y yo también hemos hecho otros cambios. Ahora llevamos nuestras propias tazas al trabajo para tomar el café de la máquina. Así no tenemos que utilizar un vaso de un solo uso.

David: También hemos decidido hacer menos pedidos por Internet e ir a las tiendas del barrio dando un paseo. ¡Así cuidamos el planeta mientras hacemos un poco de ejercicio!

Tomás: ¿Eso no lleva más tiempo?

María: ¡No tanto como podría parecer! También hacemos la lista de la compra antes de ir a las tiendas. Así sabemos lo que necesitamos y dónde conseguirlo.

Tomás: ¡Mira qué apañados!

Photo by Chauldry Agho on Unsplash

Vocabulario

¡uf! phew!
reutilizable reusable
atrapado trapped
metano methane
dado que since, due to, given that
quemar to burn
apuntar to note down
apañado handy, skilled, ingenuous

Bibliografía

Agho, Chauldry (s.f.). [Waste] [Fotografía] Unsplash. https://unsplash. com/photos/C75JhUSmnU8.

Center for Environmental Law. (2019). *Plastic & climate: The hidden costs of a plastic planet.* https://www.ciel.org/wp-content/ uploads/2019/05/Plastic-and-Climate-FINAL-2019.pdf.

Laville, S. (15 de mayo de 2019). Single-use plastics a serious climate change hazard, study warns. *The Guardian.* https://www.theguardian. com/environment/2019/may/15/single-use-plastics-a-serious- climate-change-hazard-study-warns.

Milligan, S. y Yalabik, B. (3 de noviembre de 2019). *How to make your online shopping more environmentally friendly*. Quartz. https://qz.com/1736111/how-to-make-your-online-shopping-more-environmentally-friendly/.

NOAA. (2020). *Ocean pollution*. https://www.noaa.gov/education/resource-collections/ocean-coasts/ocean-pollution.

Royer, S.-J., Ferrón, S., Wilson, S. T., y Karl, D. M. (2018). Production of methane and ethylene from plastic in the environment. *PLOS One*, *13*(8), e0200574. https://doi.org/10.1371/journal.pone.0200574.

University of Hawaii at Manoa. (1 de agosto de 2018). Degrading plastics revealed as source of greenhouse gases. *ScienceDaily*. www.sciencedaily.com/releases/2018/08/180801182009.htm.

Venkat2336. (s.f.). [Residuos de plástico en Batlapalem] [Fotografía]. *Wikimedia Commons*. https://commons.wikimedia.org/wiki/File:Plastic_waste_at_Batlapalem,_Andhra_Pradesh.jpg.

144

CAPÍTULO 27:
AHORRAR AGUA

David comienza a lavar los platos en el fregadero.

Tomás: David, ¿por qué no pones esos platos en el lavavajillas?

David: ¿No se ahorra más agua lavándolos a mano?

Tomás: ¡No tiene por qué! Elena me ha contado que muchas veces los lavaplatos usan menos agua.

María: ¿¡De verdad!?

Tomás: Sí, está escribiendo sobre eso para su último artículo sobre el cambio climático. Los lavavajillas nuevos deben usar menos agua por ley, así que si usas el lavaplatos cuando está lleno, puedes ahorrar mucha agua.

David: ¡Y también te ahorras el trabajo de lavar los platos! Es mucho más rápido poner el lavavajillas.

María: ¿Qué más te ha dicho Elena sobre el agua, Tomás?

Tomás: Que podemos ahorrar agua arreglando las goteras de nuestras casas y lugares de trabajo. Cada año se pierden hasta 39.000 millones de litros de agua en todo el mundo por los escapes de las tuberías.

María: ¡Guau! Nuestro lavabo gotea y todavía no hemos llamado al fontanero. ¡Tenemos que apuntar esto para que no se nos olvide, David!

David: Lo escribo ahora mismo. ¡Mañana llamamos al fontanero sin falta! También me apunto que hay que revisar si hay goteras en la oficina.

María: ¡Entonces, yo el lunes hablo con el encargado de mantenimiento del colegio!

Tomás: Yo también le he dicho a Elena que iba a buscar escapes de agua.

David: ¿Te ha dicho algo más sobre cómo ahorrar agua?

Tomás: Sí, sí que me lo ha dicho. Me ha explicado cómo va a afectar el cambio climático a la facilidad con la que obtenemos agua en el futuro. Debido al calentamiento global, muchos lugares se volverán más secos.

David: Esas personas tendrán que dejar sus casas para vivir más cerca del agua, ¿no?

Tomás: Sí. La ONU dice que entre 24 y 700 millones de personas tendrán que emigrar.

María: Eso es terrible.

Tomás: Sí que lo es. Para 2040, 1 de cada 4 niños vivirá en un lugar donde el agua será escasa. Las personas que viven en Oriente Medio, el norte de África y la India son las que correrán un mayor riesgo.

David: Entonces, ahorrar agua salva vidas. ¡Qué bien que me has avisado lo del lavavajillas, Tomás!

Tomás: De nada. Para eso están los amigos.

María: Después de tanto hablar de agua, tengo ganas de tomarme un baño relajante, aunque puede que una ducha sea mejor…

Tomás: La mayoría de las duchas usan 11 litros de agua por minuto. Un baño suele usar entre 90 y 140 litros. Las duchas especiales de "bajo flujo" usan solo 9 litros por minuto. ¡Le he prometido a Elena que pondría una en mi baño!

María: ¿Se lo has *prometido* a Elena? ¿Es porque te gusta…?

Tomás: ¡Vamos a dejarlo en que quiero poner de mi parte para ayudar al planeta!

David: ¡Je, je! Si te haces con una ducha de bajo flujo, ya nos dirás el modelo. ¡Nosotros también vamos a comprarnos una!

María: ¡Claro que sí! Y mientras tanto, ¡me voy a dar una ducha muy rápida!

Datos clave:

- *Muchos lugares de la Tierra se volverán más secos por el calentamiento global. Eso significa que habrá menos agua disponible para millones de personas.*
- *Cada año, se desperdicia mucha agua a través de pequeños escapes en nuestras tuberías y de goteras.*
- *Podemos ahorrar agua usando electrodomésticos verdes, como* lavavajillas *y alcachofas de ducha de bajo flujo.*

Vocabulario

lavavajillas dishwasher
lavaplatos dishwasher

no tiene por qué it doesn't have to (be like that)
por ley under the law, by law
gotera leak
escape leak
tubería pipe
sin falta by all means, without delay
encargado de mantenimiento caretaker
poner de mi parte to do my part
hacerse con to get hold of
alcachofa *here:* shower head, sprinkler

Bibliografía

Berners-Lee, M. y Clark, D. (19 de agosto de 2010). What's the carbon footprint of ... doing the dishes? *The Guardian.* https://www.theguardian.com/environment/green-living-blog/2010/aug/19/carbon-footprints-dishwasher-washing-up.

Project Drawdown. (s.f.). *Water distribution efficiency.* https://drawdown.org/solutions/water-distribution-efficiency.

Jacewicz, N. (24 de noviembre de 2017). *To save water, should you wash your hands of hand washing dishes?* NPR. https://www.npr.org/sections/thesalt/2017/11/24/564055953/to-save-water-should-you-wash-your-hands-of-hand-washing-dishes.

Jen, T. (2011). *Shower or bath?: Essential answer.* Stanford Magazine. https://stanfordmag.org/contents/shower-or-bath-essential-answer.

United Nations (U.N.). (s.f.). *Water and climate change.* UN Water. https://www.unwater.org/water-facts/climate-change/.

United States Environmental Protection Agency (U.S. E.P.A.). (s.f.). *Showerheads.* Water Sense. https://www.epa.gov/watersense/showerheads.

World Resources Institute (WRI). (6 de agosto de 2019). *Release: updated global water risk atlas reveals top water-stressed countries and states.* https://www.wri.org/news/2019/08/release-updated-global-water-risk-atlas-reveals-top-water-stressed-countries-and-states.

CAPÍTULO 28: DESPERDICIO DE ALIMENTOS

María se está duchando. David y Tomás todavía están en la cocina.

Tomás: Oye, han pasado ya un par de horas desde el postre. Me apetece tomarme un tentempié nocturno.

David: ¡Guay! Tengo ganas de comerme otro trozo del pastel de Elena.

Tomás: ¡Estaba riquísimo! No hay que desperdiciar la buena comida. Elena me ha contado algunas cosas sobre cómo el desperdicio de comida daña el planeta.

David: ¿Ah, sí?! Dime la verdad: te gusta, ¿no? ¿Le has pedido su número de teléfono?

Tomás: ¿Qué?! ¡No! Bueno, puede ser. Igual tengo algunas dudas sobre el desperdicio de alimentos, ¡eso es todo! ¿Sabes que podríamos reducir nuestras emisiones de gases de efecto invernadero un 11% al año si dejamos de tirar alimentos?

David: ¿De verdad? ¿Cómo es que los alimentos que no consumimos generan gases de efecto invernadero?

Tomás: En primer lugar, estos gases se liberan al talar árboles para los cultivos y el ganado. Si preparamos menos comida, necesitamos cortar menos árboles.

David: Eso es cierto.

Tomás: También usamos electricidad para hacer funcionar las máquinas que cosechan los cultivos, y las fábricas queman combustibles fósiles cuando procesan los alimentos que luego se venden.

David: Ya veo.

Tomás: También está el envase de plástico que se fabrica para vender la comida.

David: Cierto.

Tomás: Los camiones y los aviones que transportan esos alimentos queman combustible.

David: Entonces, si desde el principio elaboramos menos alimentos, reducimos las emisiones de gases de efecto invernadero.

Tomás: Eso es.

David: Pero no se desperdicia tanta comida, ¿verdad? ¡El pastel de Elena no se va a tirar!

Tomás: Bueno, según la ONU, cada año se desechan alrededor del 30% de todos los alimentos que se preparan en el mundo.

David: ¡Guau! ¡No tenía ni idea de que era tanto!

Tomás: ¿Tú usas todas las frutas y verduras que compras a la semana? Los hogares españoles desechan 25,5 millones de kilos de alimentos por semana.

David: Hmmm… Creo que no. Siempre intentamos comer lo más sano que podemos. Compramos muchas lechugas para las ensaladas y zanahorias para picotear, pero nunca nos lo terminamos todo.

Tomás: Elena me ha dado algunos consejos sobre cómo desperdiciar menos comida en casa.

David: ¿Como cuáles?

Tomás: Planificar las comidas antes de cocinar. Así solo se compra lo que se va a usar.

David: Eso tiene lógica.

Tomás: También puedes buscar recetas para darle uso a la comida que ya tienes en casa. Hay aplicaciones como Supercook que pueden ser muy útiles. Le dices qué ingredientes tienes en casa, y la aplicación te dice lo que puedes cocinar con ellos.

David: ¡Guau! Eso es genial. Mañana busco esa aplicación.

Tomás: Yo también. Siempre termino tirando mucha comida. Es fácil comprar demasiado cuando vives solo, así que voy a empezar a preparar mi comida para toda la semana el sábado o el domingo. Luego, me la iré comiendo a lo largo de la semana.

CONSEJOS PARA EVITAR EL DESPERDICIO DE COMIDA EN CASA

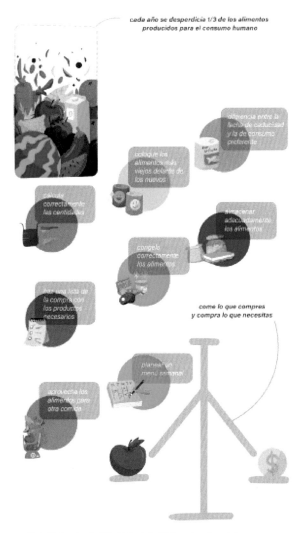

cada año se desperdicia 1/3 de los alimentos producidos para el consumo humano

diferencia entre la fecha de caducidad y la de consumo preferente

coloque los alimentos más viejos delante de los nuevos

calcula correctamente las cantidades

almacenar adecuadamente los alimentos

congela correctamente los alimentos

haz una lista de la compra con los productos necesarios

come lo que compres y compra lo que necesitas

planear un menú semanal

aprovecha los alimentos para otra comida

Image created by Jeffie Jasmine for Olly Richards Publishing, data from Acciona.

David: Si quieres terminarte toda la comida, tengo un consejo para ti.

Tomás: ¿Ah, sí? ¿Cuál es?

David: ¡Invita a Elena a cenar!

Tomás: No vas a parar de picarme con ese temita, ¿¡verdad!?

David: Por supuesto. ¡Pararé si la invitas a cenar!

Tomás: Bueno . . . Yo ya lo he hecho. Va a venir a verme a Valencia el finde que viene.

David: ¡Ja, ja, ja, qué tío! ¡No pierdes el tiempo, ¿eh?!

Ambos: ¡Ja, ja!

Datos clave:

- *Alrededor del 30% de todos los alimentos en el mundo acaba en la basura.*
- *Podemos prevenir el desperdicio de alimentos planificando nuestras comidas y comprando solo la cantidad que necesitamos.*

Vocabulario

postre dessert
nocturno night (that happens at night)
elaborar to make
picotear to snack on something
planificar to plan

terminar *here:* to end up doing something
picar a alguien con to bug, to bother someone about
finde weekend *(colloquial)*
tío *here:* guy, dude, mate
prevenir to prevent

Bibliografía

Acciona. (s.f.). Consejos para evitar el desperdicio de comida en casa. [Infografía] https://www.sostenibilidad.com/vida-sostenible/desperdicio-de-comida-que-es-y-como-evitarlo/

Cunningham, K. (25 de abril de 2015). *5 apps that help you cook with what you have in your fridge.* Brit + Co. https://www.brit.co/recipe-apps-for-ingredients-you-already-have/.

Food and Agriculture Organization of the United Nations (FAO UN). (s.f.). *Food wastage footprint & climate change.* http://www.fao.org/3/a-bb144e.pdf.

Fundación CONAMA. (2016). *El desafío de la gestión de la materia orgánica.* Documento del Grupo de Trabajo de Conama 2016: GT-15. Recuperado el 17 de junio de 2020 de http://www.conama.org/conama/download/files/conama2016/GTs%202016/15_final.pdf

Hanson, C., Lipinski, B., Friedrich, J., O'Connor, C., y James, K. (11 de diciembre de 2015). *What's food loss and waste got to do with climate change? A lot, actually.* World Resources Institute. https://www.wri.org/blog/2015/12/whats-food-loss-and-waste-got-do-climate-change-lot-actually.

Oakes, K. (25 de febrero de 2020). *How cutting your food waste can help the climate.* BBC Future. https://www.bbc.com/future/article/20200224-how-cutting-your-food-waste-can-help-the-climate.

Spiegel, J. E. (25 de mayo de 2019). *Food waste starts long before food gets to your plate.* Yale Climate Connections. https://www.yaleclimateconnections.org/2019/05/food-waste-has-crucial-climate-impacts/.

SÉPTIMA PARTE: VIVIR DE MANERA SOSTENIBLE

Hoy es el día en el que David, María y Elena quedan cada mes. Son las 16:00 de la tarde y estamos a finales de octubre.

CAPÍTULO 29: ¿CÓMO PODEMOS SER PARTE DE LA SOLUCIÓN?

David y María llegan temprano a una cafetería de Madrid. Piden dos cafés solos y se sientan.

María: Qué raro, Elena no suele llegar tarde. ¡Espero que esté bien!

David: Estoy seguro de que está bien. Pero es cierto, ella nunca llega tarde; no como Tomás. ¡Mira! Ahí está.

María: Al menos, Tomás ya no llega tan tarde como solía hacerlo cuando íbamos a la universidad. Solo llegó una hora tarde a nuestra cena. Hablando de Tomás: ¡viene con Elena!

Elena: ¡Siento llegar tarde! El tren de Tomás vino con retraso.

David: ¡Tomás llega tarde otra vez! ¡Qué sorpresa!

Tomás: ¡Oye, no ha sido culpa mía! Échale la culpa al tren.

María: A nuestra cena de hace dos semanas llegaste en coche, ¿verdad? ¿Cómo es que hoy has venido en tren?

Tomás: Estoy tratando de usar menos el coche. El tren utiliza menos energía, y por lo tanto, genera menos gases de efecto invernadero.

Photo by Andrey Kremkov on Unsplash

María y David: ¡Vaya!

Tomás: Elena ha sido una buena influencia. ¿Qué quieres tomar, Elena?

Elena: Un café con leche de avena.

Tomás: ¡Buena elección! La leche de avena es la mejor leche para el planeta. Lo he leído en tus artículos sobre el cambio climático.

David: ¡Sí! María y yo también nos hemos pasado a la leche de avena. ¡También has sido una buena influencia para nosotros, Elena!

Elena: ¡Es maravilloso ver que mi trabajo está sirviendo para cambiar cosas! Todos hemos hecho cambios para ayudar al medio ambiente.

María: Pero nuestras acciones parece que no sirven de nada. ¿Realmente ayudan a prevenir el cambio climático?

Elena: ¡Claro que sí! Pero es una buena pregunta. Todas las personas, gobiernos y empresas deben tomar medidas.

David: ¿Qué es lo más importante que podemos hacer las personas como nosotros?

Elena: Un estudio reciente contenía una lista de las 148 cosas que podemos hacer. Lo mejor es dejar de usar el coche.

María: ¡Así que por eso Tomás no ha venido a Madrid en coche!

Tomás: ¡Hola otra vez! Aquí tienes tu café, Elena.

Elena: ¡Gracias! Tomás y yo estamos intentando utilizar el transporte público más a menudo.

David: ¿Y qué otras cosas podemos hacer?

Tomás: Pues, por ejemplo, llevar una dieta basada en vegetales.

María: ¡Eso ya lo hacemos!

Elena: ¡Fantástico!

Tomás: Hablando de cosas fantásticas, gracias a vuestra cena, Elena y yo nos conocimos, y llevamos saliendo desde entonces. ¡Estamos muy contentos!

David: ¡Qué bueno! ¡Nos alegramos mucho por vosotros!

Elena: ¿Y qué otras novedades tenéis, David? Sé que habéis cambiado vuestra dieta para perjudicar menos al planeta.

María: ¡También hacemos compost! Es un abono muy bueno para nuestro huerto. Pero tenemos noticias mucho más importantes para daros.

Tomás: ¿De verdad? ¡Contadnos!

David y María: ¡Vamos a tener un bebé!

Tomás y Elena: ¡Felicidades!

Elena: Así que por eso me preguntabais qué podemos hacer con respecto al cambio climático. ¡Estáis pensando en el peque!

María: Exacto. Queremos un buen futuro para nuestro hijo o hija.

Elena: Bueno, los estudios muestran que nuestra manera de actuar anima a las personas que nos rodean a hacer lo mismo.

Tomás: ¡Como yo! Nunca había pensado mucho en el cambio climático hasta que hablé con Elena sobre ello.

David: ¡Eso es cierto! Nunca te había importado mucho.

Tomás: ¡Eh! Me estás haciendo quedar mal delante de mi novia.

Elena: No te preocupes, Tomás. ¡Lo importante es que ahora sí te interesa el tema!

Todos: ¡Ja, ja, ja!

Vocabulario

quedar *here:* meet someone
temprano early, son
café solo black coffee, espresso
retraso delay
echar la culpa a put the blame on
avena oat
contener *here:* to feature, to include
salir con alguien date someone, go out with someone
novedad *here:* news
abono
quedar mal look bad
peque little one, kid *(colloquial)*

Bibliografía

Hackel, L. y Sparkman, G. (26 de octubre de 2018). *Reducing your carbon footprint still matters*. Slate. https://slate.com/technology/2018/10/carbon-footprint-climate-change-personal-action-collective-action.html.

Kraft-Todd, G. T., Bollinger, B., Gillingham, K. Lamp, S., y Rand, D. G. (2018). Credibility-enhancing displays promote the provision of non-normative public goods. *Nature, 563,* 245-48. https://doi.org/10.1038/s41586-018-0647-4.

Kremkov, Andrey. [A Suburban Train in an Autumn Forest] [Fotografía]. *Unsplash*. https://unsplash.com/photos/2v2Mbo6ibrw.

McGivney, A. (29 de enero de 2020). Almonds are out. Dairy is a disaster. So what milk should we drink? *The Guardian*. https://www.theguardian.com/environment/2020/jan/28/what-plant-milk-should-i-drink-almond-killing-bees-aoe.

Ortiz, D. A. (4 de noviembre de 2018). *Ten simple ways to act on climate change*. BBC Future. https://www.bbc.com/future/article/20181102-what-can-i-do-about-climate-change.

Wynes, S. y Nicholas, K. A. (2017). The climate mitigation gap: education and government recommendations miss the most effective individual actions. *Environmental Research Letters, 12*(7), 4024. https://doi.org/10.1088/1748-9326/aa7541.

CAPÍTULO 30: ACUMULAR MENOS COSAS

La conversación en la cafetería continúa. Tomás y Elena quieren saber más cosas sobre el bebé, y María y David tienen más preguntas para Elena sobre el cambio climático.

Elena: ¿Cuándo nacerá el bebé?

David: En abril.

Tomás: ¡Estupendo!

María: Estamos muy emocionados. Pero hemos leído que tener hijos es realmente malo para el planeta.

David: Leímos ese estudio con la lista de 148 cosas que podemos hacer para ayudar al medio ambiente. Dice que lo mejor que podemos hacer es no conducir, y lo segundo mejor, no tener hijos.

Elena: No es tan sencillo. No podemos dejar de tener hijos. ¡No debemos! Pero sí debemos esforzarnos al máximo para vivir cuidando el planeta, y también debemos enseñar a nuestros hijos a hacerlo.

Tomás: En el futuro también habrá más leyes para proteger el medio ambiente. Nuestros hijos y nietos ya no podrán producir tantos gases de efecto invernadero como nosotros. Por ejemplo, tendrán que generar menos residuos.

David: ¿Sabes, Elena? Después de la cena, María, Tomás y yo hablamos sobre los residuos. ¡Todos decidimos desperdiciar menos comida!

María: También hemos intentado comprar menos cosas. ¡Pero los bebés necesitan muchas cosas!

David: Ya hemos pedido ropa y accesorios para bebés de segunda mano a nuestros amigos y familiares.

María: Pero, ¿qué pasa con los pañales? ¿Deberíamos usarlos de tela?

Elena: En realidad, los pañales de tela no son mejores que los pañales de usar y tirar.

David, María y Tomás: ¿¡De verdad!?

Elena: De verdad. Se usa mucha agua para lavar los pañales de tela. La mejor solución es buscar pañales hechos de materiales que se puedan convertir en compost.

María: ¡Esa es una excelente idea!

Tomás: Yo no me preocuparía demasiado, María. ¡David y tú ya estáis haciendo mucho para reducir la cantidad de cosas que tenéis!

David: La semana pasada le conté a Tomás que hemos llevado a reciclar todos nuestros ordenadores viejos.

María: ¡Sí! Hemos descubierto que solo alrededor del 20% de todos los productos electrónicos del mundo se reciclan. ¡Pero las empresas pueden reutilizar esos materiales! Apple reutilizó más de 900 kilos de oro en 2015.

Elena y Tomás: ¡Guau!

Elena: Yo ahora me compro menos ropa. ¿Ves esta falda?

María: ¡Antes me estaba fijando en ella! Es muy bonita.

Elena: Me la he hecho con un vestido viejo. Me encantaría haceros algo de ropa para el bebé.

María y David: ¡Gracias, Elena!

Tomás: La clave está en recordar las 3 R: Reducir, Reutilizar y Reciclar. ¿Ves? Me lo he puesto de fondo de pantalla en el móvil.

David: ¡Me gusta! Vamos a ver: 'Reducir' significa 'comprar menos'.

Tomás: ¡Correcto! Por ejemplo, no comprar un ordenador o móvil nuevos si todavía funcionan los que tenemos.

María: ¡Guau! Siempre te ha gustado tener lo más nuevo.

Tomás: ¡Ya no!

María: La segunda 'R' es de 'Reutilizar'. Elena, tú has reutilizado tu vestido para hacerte una falda.

Elena: ¡Eso es! Y tú reutilizarás la ropa y los accesorios de bebé de otras personas.

Tomás: Y todos sabemos que se pueden reciclar materiales como el vidrio, el aluminio y el papel.

Elena: ¡Sí!

Vocabulario

nacer to be born
esforzarse to make an effort, to work hard
pañal nappy, diaper
fondo de pantalla wallpaper (on an electronic device)
paliar to mitigate, to reduce the effects of something

Bibliografía

Consumer Reports. (22 de abril de 2018). *How to recycle old electronics*. https://www.consumerreports.org/recycling/how-to-recycle-electronics/.

Goldberg, G. (2012). *Don't pooh-pooh my diaper choice: essential answer*. Stanford Magazine. https://stanfordmag.org/contents/don-t-pooh-pooh-my-diaper-choice-essential-answer.

Halstead, J. y Ackva, J. (10 de febrero de 2020). *Climate & lifestyle report*. Founders Pledge. https://founderspledge.com/stories/climate-and-lifestyle-report.

National Institute of Environmental Health Sciences. (s.f.). *Kids Environment Kids Health: Reuse.* https://kids.niehs.nih.gov/topics/reduce/reuse/index.htm.

Samuel, S. (13 de febrero de 2020). *Having fewer kids will not save the climate.* Vox. https://www.vox.com/future-perfect/2020/2/13/21132013/climate-change-children-kids-anti-natalism.

United States Environmental Protection Agency (U.S. E.P.A.). (s.f.). *Electronics donation and recycling.* https://www.epa.gov/recycle/electronics-donation-and-recycling.

—. *Reduce, Reuse, Recycle.* https://www.epa.gov/recycle.

Van Basshuysen, P. y Brandstedt, E. (2018). Comment on 'The climate mitigation gap: education and government recommendations miss the most effective individual actions.' *Environmental Research Letters*, *13*(4), 8001. https://doi.org/10.1088/1748-9326/aab213.

Wynes, S. y Nicholas, K. A. (2017). The climate mitigation gap: education and government recommendations miss the most effective individual actions. *Environmental Research Letters*, *12*(7), 4024. https://doi.org/10.1088/1748-9326/aa7541.

CAPÍTULO 31: EL TRANSPORTE Y LA HUELLA DE CARBONO

La conversación sobre el cambio climático continúa. De repente, María piensa en su vida tras la llegada del bebé.

María: Tomás, tú todavía tienes tu coche, ¿verdad?

Tomás: Sí. ¿Por qué?

María: Me pregunto si nos va a hacer falta un coche cuando ya esté aquí el bebé.

David: ¡Para nada! Irá en el asiento de atrás de mi bicicleta.

María: ¡Eso no servirá de nada si tenemos que llevar el carrito!

David: Pues podemos caminar o ir en tren. Si nos hace falta un coche, ¡se lo podemos pedir prestado a Tomás!

Tomás: ¡Por supuesto! Por mí, encantado de prestaros el coche.

María: Creo que tienes razón. También estamos tratando de comprar más en las tiendas del barrio. Tú has dicho, Elena, que lo primero que podemos hacer para llevar una vida más verde es dejar de conducir.

Photo by Nabeel Syed on Unsplash

Elena: Es verdad. El transporte produce más gases de efecto invernadero que cualquier otra cosa en España. ¡Incluso más que la electricidad y que cualquier otra fuente de energía!

David, María y Tomás: ¡Guau!

Elena: En todo el mundo, el transporte genera alrededor del 14% de las emisiones de gases de efecto invernadero al año.

Tomás: ¿Y los coches son el peor problema?

Elena: Sin lugar a dudas, los coches y los aviones son peores para el medio ambiente que los trenes y el transporte público. Sin embargo, la construcción y el mantenimiento de las estaciones y las vías del tren también causan una gran cantidad de gases de efecto invernadero.

David: Entonces, debemos tener cuidado con la forma de construirlas.

María: Las estaciones podrían usar energía solar y eólica, por ejemplo.

Elena: ¡Exactamente! Aun así, ¡la cantidad de vehículos en España ha crecido un 8% en los últimos 5 años! Pero el problema principal es la frecuencia con la que conducimos y la distancia que recorremos.

Tomás: Entonces, si es posible, es mejor usar el tren, pero también podemos cambiar nuestros hábitos. Por ejemplo, podemos elegir lugares diferentes para pasar nuestras vacaciones. Podemos tomar el tren para ir a Barcelona en lugar de viajar a Francia en avión.

Elena: Correcto. ¡Un viaje de ida y vuelta de Madrid a Nueva York genera más dióxido de carbono que millones de personas en todo el mundo en un año!

David y María: ¡Guau!

David: Así, es mejor caminar, montar en bicicleta y moverse en transporte público siempre que sea posible y lo más cerca de casa que podamos. ¡Y en vacaciones, deberíamos visitar lugares a los que se pueda llegar sin avión! Piénsalo así, María: ¡podemos usar el dinero que gastaríamos en un coche en otra cosa, como en una bicicleta mejor!

María: ¡O en paneles solares para la casa!

Elena: ¡Esa idea también es muy buena!

Vocabulario

hacer falta to be necessary
asiento seat
construcción (as an industry) building sector, construction sector
vía de tren railway track

Bibliografía

Chester, M. A. y Horvath, A. (2009). Environmental assessment of passenger transportation should include infrastructure and supply chains. *Environmental Research Letters*, *4*(2), 4008. http://dx.doi.org/10.1088/1748-9326/4/2/024008.

EuropaPress. (15 de agosto de 2019). El parque automovilístico español crece un 8% en los últimos 5 años y roza los 30 millones de vehículos. https://www.europapress.es/motor/sector-00644/noticia-parque-automovilistico-espanol-crece-ultimos-anos-roza-30-millones-vehiculos-20190815123147.html

Syed, Nabeel. [Rows of Car Headlights] [Fotografía]. *Unsplash*. https://unsplash.com/photos/Jk3-Uhdwjcs.

Gabbatiss, J. (6 de febrero de 2018). Transport becomes most polluting UK sector as greenhouse gas emissions drop overall. *The Independent*. https://www.independent.co.uk/environment/air-pollution-uk-transport-most-polluting-sector-greenhouse-gas-emissions-drop-carbon-dioxide-a8196866.html.

Kommenda, N. (19 de julio de 2019). How your flight emits as much CO2 as many people do in a year. *The Guardian*. https://www. theguardian.com/environment/ng-interactive/2019/jul/19/carbon-calculator-how-taking-one-flight-emits-as-much-as-many-people-do-in-a-year.

Project Drawdown. (s.f.). *Transportation*. https://drawdown.org/sectors/transportation.

Topham, G. (16 de septiembre de 2019). Road transport emissions up since 1990 despite efficiency drive. *The Guardian*. https://www.theguardian.com/uk-news/2019/sep/16/uk-road-transport-emissions-up-since-1990-despite-efficiency-drive.

Westin, J. y Kågeson, P. (2012). Can high speed rail offset its embedded emissions? *Transportation Research Part D: Transport and Environment, 17*(1), 1-7. https://doi.org/10.1016/j.trd.2011.09.006.

Whibey, J. (2 de septiembre de 2015). *Fly or drive? Parsing the evolving climate math*. Yale Climate Connections. https://www.yaleclimateconnections.org/2015/09/evolving-climate-math-of-flying-vs-driving/.

Wright, L. (20 de febrero de 2020). The impact of transport on climate is more complicated than it seems. *The Independent*. https://www.independent.co.uk/news/long_reads/science-and-technology/climate-transport-hs2-impact-train-high-speed-rail-flight-a9341976.html.

CAPÍTULO 32: ¡APAGA LAS LUCES! HAY QUE AHORRAR ENERGÍA

Está haciéndose de noche. Una camarera se acerca para encender la vela que hay sobre la mesa.

Tomás: Olvidaos de los paneles solares, ¡tendríamos que leer a la luz de las velas, como antes!

Elena: ¡Ja, ja; creo que eso es un poco extremo! Pero reducir el consumo de electricidad es un buen primer paso, porque así puedes ahorrar energía.

María: ¡Pero eso no basta! Lo he leído en tu último artículo. Creemos que apagar las luces ayuda mucho, pero no es tan importante como otros gestos que podemos hacer.

Elena: ¡Eso es!

David: Es mejor comprar electrodomésticos que hacen un uso más eficiente de la energía. También debemos evitar filtraciones de aire caliente y frío en nuestras casas.

Tomás: ¡Sí! Eso se llama "climatización" de los hogares.

María: Pero hacer eso es caro, ¿verdad?

Elena: Puede ser caro, pero también se pueden hacer algunas cosas más baratas. Tomás y yo acabamos de comprar un burlete para la puerta. Es un pedazo de espuma que se coloca en la parte inferior de la puerta y que evita las filtraciones de aire hacia el pasillo.

Tomás: También limpiamos todas las rejillas de ventilación de nuestros pisos para asegurarnos de que usamos el aire de la manera más eficiente posible.

Elena: Así cuidamos el planeta y nuestro bolsillo, porque ahorramos en la factura de la luz.

María: ¡Ese es un muy buen dato!

Tomás: También he hablado con mi jefe, porque nuestra oficina desperdicia mucha energía. A menudo se quedan las luces encendidas toda la noche cuando no hay nadie.

David: ¿Y qué ha dicho tu jefe?

Tomás: Ha decidido poner sensores de movimiento para encender las luces. Así solo se encienden si hay alguien allí.

Elena: Yo también he hablado con mi editor, Manuel. Siempre nos dejamos los ordenadores en modo de espera cuando salimos de la oficina. Están "dormidos", pero aun así gastan mucha energía.

María: Pero, ¿siempre tenemos que apagar ordenadores? He oído que no es bueno hacerlo.

Elena: ¡En realidad, eso no es cierto! Los ordenadores de hoy en día no se dañan al apagarlos por la noche.

Tomás: Lo más importante es que el uso de combustibles fósiles para producir electricidad y calor libera más gases de efecto invernadero en el mundo que cualquier otra cosa. Por eso, debemos intentar usar energía limpia.

Photo by Matthew Waring on Unsplash

David: ¡Exactamente! Yo he hablado con los otros médicos de mi ambulatorio. Vamos a poner paneles solares en el techo.

Elena: ¡Qué bueno!

Datos clave:

- *La energía, sobre todo la electricidad, es la mayor fuente de emisiones de gases de efecto invernadero.*

- *Podemos ahorrar electricidad apagando las luces y los ordenadores. También podemos evitar que el aire caliente o frío se escape de nuestros hogares.*

- *Tomando estas acciones no solo ahorraremos energía, sino también dinero.*

Vocabulario

vela candle
bastar to be enough
electrodoméstico household appliance
filtración escape, leak
burlete draught excluder
rejilla *here:* grille, grating
factura bill
ambulatorio health centre (especially for GP and primary attention practices)

Bibliografía

Attari, S. Z., DeKay, M. L., Davidson, C. I., y de Bruin, W. B. (2010). Public perceptions of energy consumption and savings. *PNAS*, *107*(37), 16054-59. https://doi.org/10.1073/pnas.1001509107.

Boston University. (s.f.). *Sustainability @ BU: Turn off the lights*. https://www.bu.edu/sustainability/what-you-can-do/ten-sustainable-actions/turn-off-the-lights/.

Bray, M. (diciembre de 2006). *Review of computer energy consumption and potential savings: White paper*. https://www.dssw.co.uk/research/computer_energy_consumption.pdf.

Center for Climate and Energy Solutions (C2ES). (s.f.). *Global Emissions*.https://www.c2es.org/content/international-emissions/.

The Earth Institute at Columbia University. (16 de agosto de 2010). *Survey shows many are clueless on how to save energy*.https://www.earth.columbia.edu/articles/view/2717.

ENERGY STAR. (s.f.). *ENERGY STAR @ home tips*. https://www.energystar.gov/products/energy_star_home_tips.

Tufts Climate Initiative. (s.f.). *Climate change is real . . . . turn off your computer!* https://sustainability.tufts.edu/wp-content/uploads/Computer_brochures.pdf.

Waring, Matthew. [Shanghai, China] [Fotografía]. *Unsplash*. https://unsplash.com/photos/aKkmoxZWWRA.

CAPÍTULO 33: LA TECNOLOGÍA DEL FUTURO CONTRA EL CAMBIO CLIMÁTICO

Elena saca un cuaderno y un bolígrafo de su bolso. Escribe algo.

Tomás: ¿Estás escribiendo lo que tus fabulosos amigos están haciendo para luchar contra el cambio climático?

Elena: Ja, ja, ¡no exactamente! Tengo una pregunta que quiero hacerle a alguien el lunes.

María: ¿Es para el trabajo?

Elena: Sí. Estoy hablando con un científico. Tiene una empresa que trabaja en la captura de carbono.

David, María y Tomás: ¿Captura de carbono?

David: ¿Eso qué es?

Elena: La captura de carbono es una tecnología que impide la entrada del dióxido de carbono en el aire para que no aumente el calentamiento global.

Tomás: ¡Guau! ¡Qué interesante!

María: ¿Cómo funciona?

Elena: Se elimina el dióxido de carbono que se genera

cuando se produce electricidad en las centrales eléctricas, y luego se traslada a un lugar seguro.

María: No lo entiendo del todo, pero parece que está bastante bien.

Tomás: A mí tampoco me quedaba muy claro, María, pero Elena me enseñó una imagen que me ayudó a entenderlo.

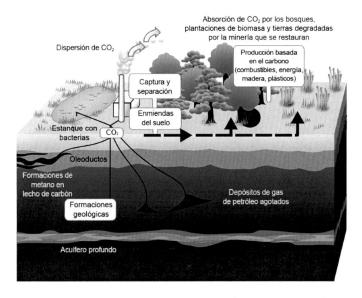

Schematic showing both terrestrial and geological sequestration of carbon dioxide emissions from a biomass or fossil fuel power station. Rendering by LeJean Hardin and Jamie Payne.

David: ¡Ya veo! El carbono se captura en la central eléctrica.

Elena: ¡Exacto!

Tomás: ¿Hay formas más baratas de capturar carbono?

Elena: ¡Sí, podemos plantar más árboles! Estos absorben el carbono mejor que cualquier máquina.

David: ¡También son más bonitos que las fábricas!

María: ¡Totalmente de acuerdo!

Tomás: ¿Vas a escribir sobre algún otro tipo de tecnología en este artículo?

Elena: Sí, ¡más o menos! Voy a escribir sobre el cáñamo.

David: ¿El cáñamo? ¿Eso no es una planta?

Elena: ¡Sí! Absorbe más carbono que cualquier otra.

María: ¿El cáñamo no es de donde viene el cannabis?

Elena: El cáñamo y el cannabis proceden de la misma familia de plantas, pero la del cáñamo tiene un nivel muy bajo de la sustancia química que la gente fuma. Además, el cáñamo se usaba hace siglos para hacer cuerdas, cordeles, papel, telas y velas de barco. El aceite de cáñamo también se usaba para fabricar pintura al óleo y barnices. ¡Muchas obras de arte antiguas llevan pintura a base de aceite de cáñamo!

Tomás: ¿Cómo se usa el cáñamo para evitar el cambio climático? ¿Hay que llenar un campo de plantas de cáñamo?

Elena: ¡Esa sería una forma muy buena de capturar carbono! También se puede usar cáñamo para sustituir algunos materiales de construcción, como el cemento y el acero, por ejemplo.

David: ¡Guau!

Elena: La construcción produce el 40% de todos los gases de efecto invernadero que se generan por el uso de la energía.

María: ¡Vaya! Visto así, el cáñamo puede ayudar mucho a reducir esos niveles.

Tomás: ¿Vas a hablar con alguien que trabaja el cáñamo?

Elena: ¡Sí!

Tomás: ¡Tengo ganas de saber más!

Datos clave:

- *Algunas nuevas tecnologías, como la captura de carbono, pueden reducir la cantidad de dióxido de carbono en el aire.*

- *Hay plantas como el cáñamo que son estupendas para capturar el carbono del aire.*

Vocabulario

cuaderno notebook
trasladar to move to another place, to transport
cáñamo hemp
cordel string
pintura al óleo oil painting
barniz varnish
cemento concrete
visto así in this light, in these terms

Bibliografía

Budds, D. (19 de septiembre de 2019). *How do buildings contribute to climate change?* Curbed. https://www.curbed.com/2019/9/19/20874234/buildings-carbon-emissions-climate-change.

Carbon Capture & Storage Association (CCSA). (s.f.). *What is CCS?* http://www.ccsassociation.org/what-is-ccs/.

Center for Climate and Energy Solutions (C2ES). (s.f.). *Carbon capture*. https://www.c2es.org/content/carbon-capture/.

Doerner, M. (1998) *Los Materiales de Pintura y su Empleo en el Arte*. Barcelona: Reverté.

Gottsegen, M. D. (2006) *The Painter's Handbook: A Complete Reference*. Nueva York: Watson-Guptill.

Hardin, L. y Payne, J. (10 de julio de 2009). *Schematic showing both terrestrial and geological sequestration of carbon dioxide emissions from a biomass or fossil fuel power station* [Infografía]. *Wikimedia Commons*. https://commons.wikimedia.org/wiki/File:Carbon_sequestration-2009-10-07.svg.

Lawrence, M. (25 de septiembre de 2014). Growing our way out of climate change by building with hemp and wood fibre. *The Guardian*. https://www.theguardian.com/sustainable-business/2014/sep/25/hemp-wood-fibre-construction-climate-change.

Lozano Cámara, I. (2017) *Cultivo y Usos Etnobotánicos del Cáñamo (Cannabis Sativa L.) en la Ciencia Árabe (Siglos VIII-XVII)*. Asclepio-CSIC. Recuperado el 1 de julio de 2020 de: http://asclepio.revistas.csic.es/index.php/asclepio/article/view/754/1188

Nunley, K. (11 de abril de 2020). *What's the difference between hemp vs. marijuana?* https://www.medicalmarijuanainc.com/whats-the-difference-between-hemp-and-marijuana/.

University of Bath. (17 de septiembre de 2008). *Houses Made Of Hemp Could Help Combat Climate Change.* ScienceDaily. Recuperado el 27 de abril de 2020 de: www.sciencedaily.com/releases/2008/09/080916154724.htm.

United Nations Environment Programme (U.N.E.P.). (2017). *Global status report 2017: Towards a zero-emission, efficient, and resilient buildings and construction sector.* https://www.worldgbc.org/sites/default/files/UNEP%20188_GABC_en%20%28web%29.pdf.

Varanasi, A. (27 de septiembre de 2019). *You asked: Does carboncapture technology actually work?* State of the Planet. https://blogs.ei.columbia.edu/2019/09/27/carbon-capture-technology/.

Vosper, J. (s.f.). *The role of industrial hemp in carbon farming.* GoodEarth Resources. https://www.google.com/

CAPÍTULO 34: SÍ, ¡PODEMOS SER PARTE DE LA SOLUCIÓN!

Los cuatro amigos han hablado durante horas sobre el cambio climático, el bebé de María y David y otras cosas.

María: Bueno, nos tenemos que ir. ¡Últimamente me canso más rápido!

Tomás: ¡Me imagino, estás embarazada! Eso debe ser agotador.

Elena: ¡Me alegro mucho por los dos!

David: Gracias, Elena. ¡Yo también estoy muy contento por vosotros! Siempre he pensado que hacíais una buena pareja.

Tomás: ¿¡De verdad!? ¿Por qué no nos habías dicho nada?

David: ¡Te he invitado a Toledo un montón de veces, pero nunca has querido venir!

Tomás: Ah, es verdad. Siempre estaba demasiado ocupado con el trabajo.

Elena: ¡Pero al final viniste a cenar ese día!

Tomás: Sí, ¡qué bien!

Elena: ¿Tenéis planes para el resto del fin de semana?

María: ¡Sí! En Toledo hay un grupo ecologista y mañana tienen su reunión semanal.

Elena y Tomás: ¡Genial!

Tomás: ¿Y de qué trata la reunión?

David: El grupo quiere proponer al ayuntamiento que use energía solar y eólica en sus edificios.

Tomás: ¡Excelente idea!

David: También voy a proponer que instalen luces con sensores de movimiento. ¡Ese ha sido un consejo muy bueno, Tomás!

María: Los funcionarios del ayuntamiento estarán encantados de saber que pueden ahorrar dinero y salvar el planeta al mismo tiempo.

David: ¿Y vosotros, qué hacéis mañana?

Elena: Yo voy a hablar con el científico sobre la captura de carbono, y luego, tenemos pensado dar un buen paseo por el parque.

Tomás: Después del paseo, yo me iré a coger el tren para Valencia.

Elena: ¡Creo que no tendrás que hacerlo muchas más veces!

David: ¿De verdad?

Tomás: Sí. Le he preguntado a mi jefe si puedo volver a trabajar desde casa.

Elena: ¡Así puede quedarse conmigo en Madrid más veces y más tiempo!

Tomás: Me fue fácil trabajar desde casa durante la pandemia del coronavirus. Volví al trabajo solo por la comida gratis de la oficina.

Elena: Pero ahora ya come una dieta basada en vegetales y es mucho más fácil cocinar ese tipo de comida en casa.

María: ¡Eso es una pasada!

Elena: ¡Cuántas ideas hemos sacado para proteger al planeta! ¡Estoy muy contenta de ver que estamos poniendo en práctica todas estas ideas!

Tomás: María, tú querías poner tu granito de arena, ¡pero en realidad ya estamos haciendo mucho!

David: ¡Incluso estamos compartiendo estas ideas con los demás!

Elena: Esa es la parte más importante. Si les contamos a otras personas lo que estamos haciendo para luchar contra el cambio climático, se animarán a hacer lo mismo. ¿Os acordáis de las manifestaciones por el clima de 2019? Hubo millones de personas en todo el mundo protestando al mismo tiempo.

María: ¡Tienes razón, Elena! ¡Tus artículos también están llegando a mucha gente! Seguro que tus lectores harán todo lo que esté en su mano para luchar contra el cambio climático.

Elena: ¡La información es poder!

David: Entonces, ¿qué os parece si volvemos a vernos aquí el mes que viene?

María, Tomás y Elena: ¡Nos parece estupendo!

David y María: ¡Pues nos vemos el mes que viene! ¡Adiós!

Tomás y Elena: ¡Hasta la próxima!

Datos clave:

- *Todos tenemos un papel que desempeñar para reducir el impacto del cambio climático. Juntos, podemos lograr un cambio para mejor.*

Vocabulario

últimamente lately, recently, of late
agotador exhausting, tiresome
funcionario public worker, public servant
tener pensado to intend, to plan
paseo a walk
gratis free (that costs no money)
una pasada so cool, so awesome
poner tu granito de arena do your bit, make your small contribution
manifestación demonstration

Bibliografía

Cooney, C. (2010). The perception factor: climate change gets personal. *Environmental Health Perspectives*, *118*(1), A485-89. https://ehp.niehs.nih.gov/doi/pdf/10.1289/ehp.118-a484.

Intothewoods7. (15 de marzo de 2019). *Protesters march with signs along Market Street during the San Francisco Youth Climate Strike, on 15 March 2019* [Fotografía]. *Wikimedia Commons* https://commons.wikimedia.org/wiki/File:San_Francisco_Youth_Climate_Strike_-_March_15,_2019_-_18.jpg.

Marshall, N. A., Thiault, L., Beeden, A., Beeden, R., Benham, C. Curnock, C. I., Diedrich, A., Gurney, G. G., Jones, L., Marshall, P. A., Nakamura, N., y Pert, P. (2019). Our environmental value orientations influence how we respond to climate change. *Frontiers in Psychology: Environmental Psychology*, *10*, 938. https://doi. org/10.3389/fpsyg.2019.00938.

FIN

THANKS FOR READING!

I hope you have enjoyed this book and that your language skills have improved as a result!

A lot of hard work went into creating this book, and if you would like to support me, the best way to do so would be to leave an honest review of the book on the store where you made your purchase.

Want to get in touch? I love hearing from readers. Reach out to me any time at *olly@storylearning.com*

To your success,

Olly Richards

MORE FROM OLLY

If you have enjoyed this book, you will love all the other free language learning content I publish each week on my blog and podcast: *StoryLearning.*

Blog: Study hacks and mind tools for independent language learners.

www.storylearning.com

Podcast: I answer your language learning questions twice a week on the podcast.

www.storylearning.com/itunes

YouTube: Videos, case studies, and language learning experiments.

https://www.youtube.com/ollyrichards

COURSES FROM OLLY RICHARDS

If you've enjoyed this book, you may be interested in Olly Richards' complete range of language courses, which employ his StoryLearning® method to help you reach fluency in your target language.

Critically acclaimed and popular among students, Olly's courses are available in multiple languages and for learners at different levels, from complete beginner to intermediate and advanced.

To find out more about these courses, follow the link below and select "Courses" from the menu bar:

https://storylearning.com/courses

"Olly's language-learning insights are right in line with the best of what we know from neuroscience and cognitive psychology about how to learn effectively. I love his work!"

Dr. Barbara Oakley,
Bestselling Author of "A Mind for Numbers"